金星出版
命理生活新智慧・叢書
VENUS PUBLISHING CO.
U0084308

VENUS PUBLISHING CO.
金星出版
命理生活新智慧・叢書

命理生活新智慧 · 叢書 65

對你有影響的

# 《下》

金星出版社 http://www.venusco555.com
E-mail: venusco555@163.com
venusco@pchome.com.tw
法 雲 居 士 http://www.fayin777.com
E-mail: fayin777@163.com
fatevenus@yahoo.com.tw

法雲居士⊙著

國家圖書館出版品預行編目資料

對你有影響的日月機巨(下)／
法雲居士著， --第1版--臺北市：
金星出版：紅螞蟻總經銷，
2006[民95]； 冊 ；公分
—（命理生活新智慧叢書；63-65）

ISBN 957-8270-55-0（上冊：平裝）
ISBN 957-8270-58-5（中冊：平裝）
ISBN 957-8270-64-X（下冊：平裝）

1.命書

293.1 93021897

# 對你有影響的 日月機巨《下冊》

作　　者：法雲居士
發 行 人：袁光明
社　　長：袁光明
編　　輯：王璟琪
總 經 理：袁玉成
地　　址：台北市南京東路三段201號3樓
電　　話：886-2-25630620，886-2-23626655
傳　　真：886-2365-2425
郵政劃撥：18912942金星出版社帳戶
總 經 銷：紅螞蟻圖書有限公司
地　　址：台北市內湖區舊宗路二段121巷19號
電　　話：(02)27953656(代表號)
網　　址：http://www.venusco555.com
E-mail：venusco555@163.com
venusco@pchome.com.tw
法雲居士網址：http://www.fayin777.com
E-mail：fayin777@163.com
fatevenus@yahoo.com.tw

版　　次：2006年3月 出版 2024年3月 加印
登 記 證：行政院新聞局局版北市業字第653號
法律顧問：郭啟疆律師
定　　價：280元

行政院新聞局局版北字業字第 653 號
(本書遇有缺頁、破損倒裝請寄回更換)

ISBN :957-8270-64-X（平裝）

（因掛號郵資漲價，凡郵購五冊以上，九折優惠。本社負擔掛號寄書郵資。單冊及二、三、四冊郵購，恕無折扣，敬請諒察！）

# 序

這本對你有影響的『日月機巨』下冊是一套書中的第十三本書，其他還有『權祿科』、『羊陀火鈴』、『十干化忌』、『天空、地劫』、『殺破狼』上下冊、『昌曲、左右』、『紫廉武』、『府相同梁』上下冊、以及『日月機巨』上、中冊、還有『身宮和命主、身主』等書。

寫這一整套的『對你有影響的』星曜的書，以出版時間來講，整整橫跨四個年頭，從二〇〇三年到二〇〇六年，可見工程之浩大，雖然得到讀者很大的回響，但也十分耗費心力。有些讀者一方面來電話或寫信來催促新書的誕生，一方面又很同情跟關懷我的勞累，又說：『慢一點！慢一點！沒關係！只要我們還知道老師仍在繼續寫書就好了。』

近來，來學習紫微命理的學生日益增多，這也是分割了我的許多時間。教學本來就是我很有興趣的事情，許多學生常常提出一些奇怪的問題，或帶來一些較不常見而有點奇怪的命盤，讓我來解析，因此

讓課程變得更有趣。因為你不知道今天來上課的同學會提出什麼樣的怪問題，而極具挑戰性。其實我常向同學們說：『人不是萬能的！老師也未必萬能皆知，老師只是早點學習，早一點先知『道』而已，如果有什麼困難解釋的問題，我也必須去查書或再努力鑽研，一定要找出真理及真相的答案，才能告知同學或寫進書中。但是近來我發覺一個現象，那就是有一些學生或來論命的人，常會將自身所發生的一些問題，一直嚐試用命理方式來解釋或牽強附會。例如有一位朋友來算命，他一直用那一年賺了幾百萬，那一年賺少了來跟我核定他的流年好壞。但是我卻看不出他所說的賺了幾百萬塊錢的年份真是好的，也看不出那一年他真能賺那麼多錢。因為從他的命理格局上是未必有那麼多財的。結果發現，是公司的營業額有那麼多，但他是拿人薪水的人，所以自己的所得並沒那麼多，他就把公司的營業額當做自己的進帳了。

另有一位朋友說是覺得是自己的運氣太不好了，做什麼生意都會遇到天災人禍，十分倒霉，想來學算命，看看可用何方法來改運，我常說：『要改命、改運，及改名字，都是須要改觀念、改思想，要從自己的內心改起才有用！』我從這位朋友的命盤上發覺他的遷移宮不好、太壞了，以致於多是非爭鬥，環境中吵架的事層出不窮，是非災禍也常接踵而來，他本身脾氣暴躁，也常易衝動、沒耐心，忍不下一口氣，以致讓別人有機可趁。所以天災人禍的發生，常是因為自己思慮不周詳及不能忍一時之氣，而產生一連串骨牌效應的結果。

我常說：算命就是『算時間』！要算好時間，也要算壞時間，算出好時間可以拿來進財，尋找旺運機會，以及升官、增貴或做利人利己的事。壞時間要算準確了，好躲避災禍、躲避爭鬥，因為爭鬥多，也是對人不好的！會擋住財沒法子進財，自己也容易受傷或錯失良機。

每個人都擁有一些『好時間』和一些『壞時間』，『好時間』能形成好的磁場效應，會吸引對你好的、對你有利的人來到你的身邊，自然也能為你帶來好運、升官發財、主貴，非常簡單。『壞時間』會形成壞的磁場效應，會為你帶來口舌是非及血光、災禍的惡運。『壞時間』也會為你帶來對你不利的人或壞的人際關係來到你身邊。當人天生的基本環境（遷移宮）不好時，你也容易傾向壞的磁場效應那邊

去。

我亦常說：『人生就是一個選擇權，不斷的在做選擇『對與錯』跟『好與壞』。但你的思想和你的環境也都會影響你的選擇方向。如果環境不好，就要修正思想、觀念的偏差，才能回到對自己有利的磁場方位來。如果思想、觀念不好或停滯怠進，就會一直停留在壞的磁場方位，在災禍和困難中永劫不復了。倘若一味的把災禍和賺錢多寡歸咎在『命』上，人就永無脫離衰運和財窮的際遇了。

在每個人的命盤中所顯示的吉運和衰運宮位總是固定的，每個命格的問題，優點和缺點也總是那幾樣，例如有錢財問題，財、福、官、遷等宮會不好，有感情問題的『夫、遷、福』等宮不佳等等。雖然大運、流年、流月、流日會形成活盤，但運算的方法也很簡單易算，大家應熟悉應用，便能避凶趨吉了。

願與讀者共勉之！

法雲居士　謹識

命理生活叢書65

# 日月機巨《下冊》

## 下冊目錄

《下冊》

## 上冊目錄

## 中冊目錄

《下冊》

# 第十一章　天機的特質與格局

## 第一節　天機的特質

### 天機的特質

天機星，五行屬乙木，屬陰，為南斗第三顆星。在顏色上主綠色，在生子預測上，主生男。

天機星為延年益壽之星，又名『善宿』，化善，為兄弟之主宰。

天機有『動』的特性，其特性是動頭腦或動身體，故天機主聰

明，有多才多藝之表現，也容易偏重於運動方面的表現，如跳舞、運動比賽、演藝事業等。**天機與『殺、破、狼』的人生波動是不一樣的**。天機是和貪狼一樣是『運』星中運氣之星。天機的運氣是上下的變化波動，會運氣上升與下降很明顯。只要腦子聰明一下，或機會改變一下，其人就會立即翻身。所以天機坐命的人愛動腦子耍小聰明，有時也能耍到大聰明，而且天機坐命的人很會看人臉色，只要臉色對了，和小聰明對了，其人生就有重大改變，對自己有利了。這和貪狼的運氣是橫向、平面的運動變化是不一樣的。貪狼是要外出活動跟跑來跑去、去尋找機會，才有運氣可言的。而天機只要在自己四周尋找『人』做目標對象來運作機會，就可以改變運氣了。

**天機是用聰明來改變環境，以達到成功機會的。貪狼是以迅速**

**的改變或變換環境來達成使自己成功的機會的**。所以天機的運氣常和人為的是非口舌有關，是人為的運作。貪狼的運氣和接觸不同的、多樣性的人、地、物有關。大家都知道：運氣完全是一個『時間點』的問題。天機的『時間點』需要運作。有時候，運作下了功夫，也不一定會成功而有運氣。而貪狼的『時間點』，因為『人、地、物』的不斷變換，自然在機率上會比天機的運氣要來好與多很多了。另外再加上人生格局不一樣、思想不一樣，因此運氣的結果也會大不相同了。

由此也可大致歸納一些天機異於他星的特質出來！

## 『天機』是命運過程中陰陽相互消長、波動的架構

我們在本書上冊中已開章明義的講過：**『日月機巨』是命運過程**

**的架構了**。『日月機巨』既代表的是命運過程，『日』就是太陽，代表的是明朗快樂的命運。『月』，就是月亮，代表的是暗地裡或黑夜時的命運，以及情緒浮動、有愛有傷感的命運。這兩者會在人生中有一定韻律的波動變化著。天機這顆星就是來左右這種陰陽變化，使人生中有時陽性命運多一些，有時陰性命運多一些，會有相互消長的波動變化。這有規律性，因此也可說它是一種命運的架構。

## 『天機』是男人與女人的戰爭的主導者與挑釁者

我們在本書上冊中曾提到『日月機巨』是男人與女人的戰爭。因為陰陽相爭、相互消長，白日與黑夜不斷變換，陰陽相互追逐，又相互依生存。這是天道。在地球上的人也是一的！男人與女人相互追逐，也相互依賴生存。但其間仍存在著許多差異性與競爭性。

我們在命盤上也可看到這許多關係。例如天機星的對宮三方四合、六合宮都會看到太陽及太陰這兩顆星。所以**天機是和陰陽、男女、工作、感情這些事是分不開的。**

另一方面，**天機和巨門又很密切**，巨門是暗星，是隔角煞，是災禍和口舌是非。天機和巨門也同樣的會在對宮、三合及六合的位置上相遇。而且巨門星又影響天機星很深！我們看：天機在子、午二宮為居廟位的旺度，對宮是巨門居旺。天機在卯宮、酉宮，天機居旺，會和居廟位的巨門同宮，所以天機和巨門極旺時會在子、午、卯、酉四宮位相照或同宮。而子、午、卯、酉四宮位，是桃花地，又是四敗地，故天機必與桃花或異性有是非糾葛，尤其是命坐子、午、卯、酉等宮的尤是！

而你在觀察這種**天機坐命在子、午、卯、酉宮的人**，你會發覺

他們無論是在自己的感情世界裡，或是一般和別人（朋友或家人）相處時的環境中，他們**都會是兩性之間戰爭的主導者與挑釁者**。也許這其間只是好玩的心態而已，並無太大的惡意。但是往往就會小事變大事了，讓他無法控制，而漫延燃燒開來無法收拾！

在寅、申、巳、亥等宮的天機，坐於四馬宮，是驛馬型的天機，喜歡變動、喜歡耍小聰明，是其人本身喜談戀愛，所挑動的男女戰爭，只是自己和異性的戰爭，這是愛情追逐的型式，故問題還不大。

在辰、戌、丑、未等宮的天機，因辰、戌、丑、未等宮是墓宮，天機的活動力差，動不了，所以不聰明，跟不好動，肢體本能也不好，但有穩重的蔭星（天梁星）像父母般的呵護，人生也會順利得多。所以機梁坐命的人或天機在丑、未宮坐命的人，無論男女

一定要找年紀比自己大的配偶，口舌是非會少一點，人生才有真正的幸福。

## 天機是藉由是非口舌或災禍變來轉變人生命運的

我們可以來仔細分析一下：

**當天機在子、午、卯、酉宮出現時**，在子、午宮，天機獨坐，巨門在其對宮（遷移宮）相照。巨門是其周圍環境，當天機在卯、酉宮時，是機巨同宮，巨門和天機同宮在命宮。這表示口舌是非和問題或爭鬥變化是存在於其人的腦中或受環境影響而成的。

**當天機在寅、申、巳、亥等宮出現時**，天機在寅、申宮是機陰同宮，巨門在其福德宮，是巨門陷落。當天機在巳、亥宮出現時，巨門在其財帛宮，為同巨同宮，雙星皆陷落的格式。所以巨門會在財、福等宮出現，表示其人本命財少，其人也會用較懶惰或口舌便佞、胡攪蠻纏的方式來找到自己可用的財。

**當天機在辰、戌、丑、未等宮出現時**，天機在辰、戌宮時，是機梁同宮，巨門在其夫妻宮是陽巨。天機在丑、未宮出現時，是單星居陷的形式，巨門在其官祿宮是居旺的。因此可見，巨門是在夫、官二宮來影響天機的，這代表其人天生的智慧與內心感情的模式上都離不開用口舌是非及競爭來創造人生。

由上述這種種的跡象來看：天機的聰明，也一定要藉用口才的展現，和藉由口舌是非的事件發生，亦或是生命中要遇到大條的事，或災難、爭鬥、競爭、聰明才顯現得出來。所以天機的隨機應變能力是必須有事件、有相互的磨擦刑剋、不和（不合），以及紛擾變化、運氣起伏的過程才能有機變的。

因此，**在一個家庭中會誕生天機坐命的人，都是預言著此家庭中將會出現重大變化**。而這些變化也通常是不太好的變化。這同時也表示家庭狀況要邁向市井小民，或更平民化的生活方式了。也因此，家庭中若出生了天機坐命的人，也會有家道中落或家庭經濟狀況下滑的象徵警示！同時也將表示這一代不如上一代了。

我們看！天機坐命者的父母宮中都有一顆紫微星，表示父母對他最好，父母也比他們成就高。父母會一生都會照顧他，對他好！天機坐命者，除了機陰坐命者之外，大多是兄弟宮在殺、破、狼格局之上，機梁坐命者的兄弟宮是天相陷落，也都不佳。事實上，天機坐命者、機梁坐命、機巨坐命，都是在家是非多，兄弟不和，父母會對他們偏心，而引起家中的亂源。機陰坐命的人，父母宮是紫貪，因和父母不親密，所以和兄弟姐妹好（兄弟宮是天府）。

我們再看：**天機坐命子、午宮的人**，父母宮是紫破、遷移宮是巨門，表示此人是出生於一個父母不和，或父母有爭執，或父母會離婚，或父母有外遇，或父母有破產跡象的關鍵時刻。因此對他的愛有時是肢離破碎的。

**天機坐命丑、未宮的人**，父母宮是紫府，表示父母較有錢，會一輩子多負擔其人的生活用度及享受，也表示此人是受人照顧多的，能力不足，成就比父母差很多的人。

有道是：富不過三代。此命格的人已顯露出家運不繼的狀況了。

**機陰坐命的人**，父母宮是紫貪，表示父母是小康之家，運氣平平，生活普通，尚可平順而已。其人常在外面跑的話，倒是家中是非少。其人也會遵循父母的格局，為一薪水族的小康之家的人。

**機巨坐命的人**，父母宮是紫相，表示父母的財富格局是比他大又平順、享福的。坐命在卯宮的人，父母的成就大，有些家世顯赫，但自此機巨坐命者出生後，便家道中落不行了。命在酉宮人，是普通小康之家，父母的家世平凡。自此人出生後，家道會更不行，將來亦可能要靠此人賺錢奉養才能生活。

**機梁坐命的人**，父母宮是紫殺，表示父母忙碌，愛賺錢，做事很拼命。父母也會有些不合，但都會給他錢。因此有些人會收到父母的錢財而過得好，有些人會父母不合，或離婚，靠自己養自己。機梁坐命者多跟祖父母或外人、奶媽長大，與父母聚少離多。因此，自此人出生後家裡的經濟狀況變化很大。

**天機坐命巳亥宮的人**，父母宮是紫微，命坐巳宮的人，父母宮的紫微是居廟的，表示父母的生活水準較高，地位也較高，自此人出生後，家庭中的生活水準便會慢慢下降，父母會賺錢很辛苦，但也會留最好的生活物資給此人用。命在亥宮的人，父母宮的紫微居平，表示父母是普通小市民生活用度，自此人出生後，父母賺錢辛苦，運氣變化多端，父母能顧到他一般的生活用度就不錯了。

**由此我們可以得知天機坐命的人，無論單星或雙星坐命的人，其出生時的企機都跟家運有關。**

**天機主機變智慧之特質，但此特質強時，也代表財弱不豐**

所有的命格形式有十二個命盤格式。這十二個命盤格式中各有不同的天機形式。這主要是因為，天機跟從紫微星，紫微後一位便是天機。因此有十二種天機的形式（在各宮位不同而形成的）。但這也代表十二種不同的聰明度與機變智慧的層度。

例如機變智慧最高的是天機在子、午宮居廟坐命時，其次是機巨同宮坐命。機陰坐命的人，天機在得地之位，是合格的旺位，也算是高層度的機變智慧。這些人隨機應變的能力強、口才好，相對的，也瞎掰的能力好，會無所不用其極的顯示自己的聰明、靈活。其實只要命盤中有這些居旺位以上的『天機』，整個命盤格式命格的人都會聰明靈活。因此『紫微在丑』、『紫微在未』、『紫微在卯』、『紫微在辰』、『紫微在酉』、『紫微在戌』等命盤格式的人都會特別有機變智慧、聰明得多。即使命宮有陀羅，較笨的人，運氣走到天機居旺時，也會變聰明了。

而『紫微在子』、『紫微在午』命盤格式中之天機居平，『紫微在寅』、『紫微在申』命盤格式中天機居陷，『紫微在巳』、『紫微在亥』命盤格式中，機梁同宮，天機居平，這些天機的形式皆在平陷之

位，代表機變智慧不足，本身反應不快，也會聰明度沒那麼高，但這些命盤格式人是靠打拚與意志力與天生的財在人生中奮戰而成功的。

**天機本身不帶財，主為人服務**。我們也常常可看到：聰明的人常不富有，而笨笨的人反而有錢。因為錢是靠勞力賺的，聰明的人往往不想施勞力，愛偷懶，所以財少。再加上天機坐命者本命的財就比別人少，必須要工作才有衣食，故為薪水族之命格，有工作就有溫飽了。

因此，也很明顯的，天機坐命者的財寄望於父母。父母的財富多時，天機坐命者的一生較舒適富裕。父母較窮時，天機坐命者的人，一生都不富裕，也難富裕。

## 天機主人生中的變動變化

在十二個命盤格式中，天機的廟旺平陷之形式都代表你在人生中運氣變動的速度。當天機居廟、居旺和居得地的旺位時，人生中的大起大落較少，人生中的吉凶衝突較不那麼明顯。當天機居平、居陷時，人生中的大起大落較明顯，人生中的感受也較多。

例如在『紫微在辰』及『紫微在戌』命盤格式中的天機和巨門同宮，是機巨的形式。天機居旺、巨門居廟，這是夾雜著口舌是非、爭鬥，又具有高度聰明和高知識水準、又不斷在變化、翻升的一個運氣，但此運氣仍屬『機月同梁』格中的運氣之一，仍是在薪水族的模式下過生活。會影響人大起大落的，要以『殺破狼』的運程最明顯，其中又以貪狼運所帶來的暴發運會帶領人生至高潮階段。其餘七殺運是辛苦打拚，是平凡的勞力投資階段，看不出大好大壞。破軍運也是打拚投資，但容易破耗，其人生中的變化，其人都會運用自己的聰明才智將變化引導向好的方向去。因此，其人的運氣大致還不錯，人生中不會有太大起伏的命運。

**倘若在命盤格式中的天機是居平或居陷時**，則其人本身隨機應變的能力差，會用小聰明，但無濟於事，其人的人生中也易有大起大落的人生，起伏很大。例如『紫微在寅』、『紫微在申』命盤格式中，天機居陷，此運是個愛耍小聰明，但聰明無用，運氣仍會直直落谷底的運氣，這兩個命盤式中有『武貪格』偏財運的旺運格局，因此其人生中的大起大落很明顯了！

## 天機是境遇變遷或環境變化的動感特質

**天機主聰明，是要『動』起來的聰明**，例如動腦筋或動身體。

要是自己不動，周圍環境也會跟著動。這就好像月球繞著地球轉，但一方面也隨著地球去繞著太陽公轉一樣。因此這些『動』的動作和狀況，都是同時一起進行的，決不會先動那個，再動另一個。

**有天機在命、財、官、夫、遷、福等宮的人**，一生中一定有多次的境遇上的變化或是環境改變的變化，例如生活上貧富的轉變，或遷居、搬家等事，講起來是生活不穩定的。

也會有一些此命格的人會不同意此說法。他們會說：不會呀！我工作一直很穩定，在公家機關工作，很固定，朝九晚五，沒什麼變化呀！有一位命格是『天機』的朋友就曾說過，但是他別忘了，在他小學時期，父母就離異了，父親再婚了兩次，還搬過好幾次家，家中境遇的改變，和環境的改變，他是親身親歷的。

每個人境遇改變或環境改變的原因各有不同，有的是因為家中

生意失敗，或財富狀況的改變，有些是父母或親人相處模式的改變，有些是外在環境動盪的改變。有些更是在出生之時，便已家道中落，由富轉貧了。

由以上看起來，好像天機坐命的人生出來，會使家庭或父母的狀況愈變愈壞。那到底有沒有此命格的人使家庭或父母環境變好的呢？答案是：比較少，因為天機不主財，主聰明，也會和主貴的格局親近，例如三合四方宮位易形成『陽梁昌祿』格，易和公門胥吏接近，容易在文官的體制下生活。所以即使是能使父母或家庭環境變好，也只是父母在生他的階段時間點中很聰明，在工作上或學歷、經歷上有表現，暫時是沒有財的，或暫時是較辛苦的，會待勢而發。不過，如果生出天機陷落坐命的小孩出來，就表示父母生他的那段時間運氣不佳，不好過，所以未來也會要付出較多的心力來

照顧他。不過，就算是天機陷落坐命的人，仍要看命裡帶財是多、是少？來看其人能力的好壞。有些天機陷落坐命者，仍是有很好的工作能力的，亦會得人提攜。這樣也表示其人命裡帶財多。

**天機在命宮**，天機居廟、居旺時，其人會外型胖大、身材高大，天機居平、居陷時，其人會身材中等或矮小。有羊、陀、火、鈴、化忌、劫空同宮時，其人的外型身材和性格，也會受到這些煞星之影響，而變得不太一樣了。

天機入命，無刑剋時，外貌清秀、溫和、秀麗，心地仁慈、機謀多變、精明多計謀，而且勤勞謹慎，但脾氣易急躁，一生很忙碌。其人反應快、較神經質、幻想多、計謀多，凡事愛鑽牛角尖，做事三分鐘熱度，常自恃聰明，反被聰明誤。也易見異思遷。

天機坐命的人，財帛宮都有一顆天同星，表示在賺錢或做事方面都是要看好不好玩？會不會太辛苦？好玩就會去做，太辛苦了，也不想做，因此有時會拖拖拉拉不想做，因此打拚能力是比一般人較十分弱的。

天機坐命的人，一生會有起伏上下很明顯的狀況，他們喜歡靠運氣來做事或生活，但運氣易變化。故會做固定的薪水族或上班族，有固定的收入，生活較穩當。

**天機在兄弟宮**：天機雖主兄弟、手足，但天機在兄弟宮，表示兄弟二人，居旺時，表示有聰明的兄弟，但他會和你思想模式不同，也會不和，但必要時，會幫你忙。居平、居陷時，兄弟有小聰明，和你不和，兄弟的脾氣不好，臉色常陰沈，彼此之間衝突很多。

**天機在夫妻宮**：**居廟、居旺時**，表示配偶很聰明、多機智、

口才好、情緒多變，是薪水族工作的人，你的既喜歡他的聰明，又常搞不過他，自己內心容易翻來覆去的想很多，但配偶或情人的關係常複雜多變。**居平、居陷時**，表示配偶有小聰明，情緒變化大，工作能力不佳，你自己本人容易認人不清，自己本身也是情緒及脾氣不好的人，剛開始夫妻感情普通，但會愈來愈壞，以致各分西東。

**天機在子女宮**：**居廟、居旺時**，表示子女很聰明、機靈，但子女間是非多，易有二子，不算和睦，尚可相處。**居平、居陷時**，子女為成就不佳的人，有小聰明，子女間是非爭吵更多，你也會受子女的騷擾而不寧靜。

**天機在財帛宮**：表示錢財上變化多，起落分明。會用聰明才智來賺錢。財運時好時壞。**居廟、居旺時**，聰明才智夠，會找到固

定收入的工作來賺錢。亦會把握機會來賺錢，更會東奔西跑，變化環境來賺錢，容易做奔波或變化多的行業來賺錢。。**居平、居陷時**，表示財運不佳，賺錢的聰明才智也不足，本身命中帶財少，會用一種不太動，或懶得動，以等待的方式來賺錢。

**天機在疾厄宮**：天機在疾厄宮，天機五行屬木，故主肝膽疾病。亦主手足之傷災，會頭面有破相，易性格急躁、受驚恐。女命會經血虧損。**天機居陷時**，要小心肝腎不佳的問題，浮腫、眼目不佳、皮膚病、免疫能力喪失等。

**天機在遷移宮**：**居廟、居旺時**，代表周圍環境多變化，機會多，其人會運用聰明在觀察機運之到來。其人也易多搬家遷移，或人生中有大起大落之變化。此時的變化還不錯，會有好機會出現。**居平、居陷時**，代表周圍環境多變化，會愈變愈差，機會不多，其

人會多遇災禍，或笨人，人生中有不順利。其人周圍也易是雜亂無章或文化水準不高、惡劣的環境。

**天機在僕役宮**：**居廟**、**居旺時**，表示你都愛交往腦筋聰明的人。你曾想和朋友稱兄道弟，或是想用平等的方式來結交他們，但朋友各自有各自的想法，不會聽你的。另一方面你的人際關係變化很大，朋友之間不親密，來來去去很快。**居平**、**居陷時**，你周圍的朋友或屬下，或晚輩的人，都只有小聰明，或根本自做聰明而出糗，你和朋友的關係不佳，你和朋友也是互動不算好的人。

**天機在官祿宮**：你是『機月同梁』格，必須做薪水族才會生活平順的人。**居廟**、**居旺時**，表示你的智慧、智商都很高。在工作上喜歡做運用聰明才智、富有較多變化或東奔西走、多奔波的工作。因此像設計工作、記者、教師、業務員、販賣員、公司職員等

工作都是十分適合你的。**居平、居陷時**，表示其人本身智能不算高，工作上多波奔，工作能力不佳或受到刑剋，會工作做做停停不長久，也無成就。

※凡是有天機在官祿宮的人，其人命宮中定有天同星，表示其人天性愛玩，工作不會太認真、打拚能力不如別人強，因此才會事業多起伏變化。但天機居廟時，也可有一番事業。

**天機在田宅宮**：當天機在田宅宮時，表示家中房地產必失去一回，以後才再購置，亦表示其人會隨運氣而擁有或失去房地產。**居廟、居旺時**，房地產能失而復得，而變多，家中之人多聰明、機靈，但不帶財，而是靠你在賺財富來置產的。**居平、居陷時**，房地產來來去去很多次。家中之人多小聰明，家中雜事多，房子也不漂亮，易雜亂無章。你的錢財最好放在銀行，勿買房地產，以免失去

很快。

**天機在福德宮：居廟、居旺時**，其人天生聰明，性情多變，時陰時晴，但有時會大智若愚，有時又反應靈活，其人本身是隨運好壞而變化的。此命格的人在本命宮位中，都有一顆太陽星，表示其人性格開朗、天真，豪放不羈、不重穿著，但內在也會有計謀，凡事喜歡變化，同時也會操勞不斷和是非增多。亦表示本命是主貴而不主財的命格。

**天機在父母宮：居廟、居旺時**，表示受父母恩惠不小。父母是聰明、溫和、平易近人，對子女尊重，又對子女養育呵護備至的人，有刑剋時，則相反。**居平、居陷時**，表示父母有小聰明、情緒不穩，工作成就與環境皆不太好。亦會父母感情不睦，而傷及自己。有煞星刑剋時，會二姓寄居，重拜義父母或招贅。

## 天機剋應事物：

**在人的方面**——代表兄弟之人，代表平輩、同事、男性父執輩、代表聰明的人，代表會奔波工作的人，代表設計師、律師、記者，代表自由工作者，代表身型瘦高的人，代表機伶古怪的人，代表有巧藝在身的人，代表學術界人士，代表出版界人士，代表畫家、小說家、學術研究、企劃經營，命理學家、軍師、宗教家、上班族、公務員、有機智之人，技術員、服務員、販售人員、經紀人、仲介人員、做事三分鐘熱度的人，投機取巧之人。

**在事的方面**——代表驛馬奔波之事，代表平輩之事，代表聰明、靈活、投機取巧之事，思想上之事，靈感之事，宗教之事，哲學之事，五術算命之事，推測前世今生之事，為人服務而得財不多之事，學校之事，薪水之事，服務貢獻之事，運氣變化之事，奔波之事，搬家之事，換工作之事，同事間之事，兄弟姐妹間之事。

**在物品的方面**——代表綠色物品，或長的、瘦、高型的，木質的物品。或是有時有用、有時無用的用品，代表會延伸增長的物品，代表車輛、機器、電桿、鐵道、玻璃、機車、小樹、茶葉、眉毛，代表窗戶，代表會轉動的物品，代表眼鏡。

**在地的方面**——代表小樹林旁或大樹林旁，代表玻璃店、眼鏡店、鐵道旁、機車行、機器工作場，代表走廊，或窗外空地，或狹長空地，廟宇、學校、宿舍、學校大樓、圖書館、長巷、大馬路、不整齊的地方。木工廠、鋸木場、玻璃切割場、電桿林立的地方，有行道樹的馬路、鐵道旁、學校旁、花圃、有高大樹木的花園、圖書館、文藝氣息濃厚的地方，大學校園、佈道場所、有爭執的地方、多堆積物之地方等等。

**在建築的方面**——代表瘦高型的建築或大廈，代表學校或最高學府，代表有樹林的豪宅大院，代表木結構之大樓建築，代表外表為深綠色之建築或大樓，或高直聳立、階梯又斗直的房子，代表高大的舊建築。

**在疾病的方面**——代表肝膽的問題，代表眉毛附近有傷，會破相，手足傷、筋骨酸痛、肌弱、腦神經抽搐、肝腎相關的問題，性燥驚恐、眼睛不好、眼花齒落之狀況，女命經血虧損，神經質、精神衰弱疾、憂鬱症等。

## 第二節　天機的格局

### 1.『機月同梁』格

此為人生結構最主要、最大之格局。請看《中冊》第34頁的解說。

### 2.『巨機同宮．公卿之位』

在紫微斗數全書中說：有天機、巨門同宮坐命在卯宮的人，尤其生在乙年，命宮中有『天機化祿、巨門』，或生在辛年，命宮中有『天機、巨門化祿』的人，會有大成就，能居高位。

其實就我們論命時印證，乙、辛年干生人只是人緣稍好，有偏安心態，會為人服務，做薪水族的工作很平順而已。其他並無太大成就。而丙、癸年生人，丙年有『天機化權、巨門』在命宮，以及癸年生人，有『天機、巨門化權』在命宮的人，成就較高一些。因為化權都在旺、廟之位，力量大多了。

## 3.『天機坐卯貴・寅月六丁榮』

此為《紫微斗數全書》中，『十二宮諸星得地富貴論』中之一則。

意義是：天機在卯宮坐命，必是天機、巨門同坐命宮，其官祿宮為空宮，有日月相照（太陽、太陰相照），太陽雖居陷，但太陰居廟，以丁年生的人會榮發。此為主官貴的格局。

※此句中：『寅月』當為『官月』之誤

※『六丁』指的是丁年生人，如丁丑年、丁卯年、丁巳年、丁未年、丁酉年、丁亥年等六個丁年的年份所生之人。因丁年有太陰化祿之故，亦有天機化科和巨門化忌在命宮，故此句有問題。『天機坐卯貴』須丙、癸年生人較能主貴，六丁生人，是頭腦糊塗、是非災禍多，能工作稍有衣食之人。

## 4.『申酉機巨為破格，男人浪蕩女人貧，二宮若然桃花見，男女逢之總不榮』

此句出自《紫微斗數全書》中，『十二宮諸星失陷破格訣』中之一則，申宮之天機為天機、太陰同宮，天機為得地，太陰居平為破格，故不富。酉宮之天機為機巨同宮，為『破蕩格』。上述二種坐命者，若命宮再有桃花星多的話，無論是男命、女命，有此命格總會有邪淫之事而不富裕及不名譽之事會發生。

## 5.『寅上機昌曲月逢，雖然吉拱不豐隆，男為伴僕女娼婢，若非夭折都貧窮』

此句出自《紫微斗數全書》中，『十二宮諸星失陷破格訣』之『寅安命』則中，意義是寅宮有天機、太陰和文昌或文曲同宮坐命，雖然有吉星拱照，仍會錢財不豐裕，易做男僕或婢女、娼妓，亦或是夭折或貧窮之命。此因文昌或文曲在寅宮居陷之故，其人會粗俗、無才華，卑賤、頭腦不清，對錢沒關念。

## 6. 『子午天機丑巨鈴，此星落陷果為真，縱然化吉更為美，任他富貴不清寧』

此句出自《紫微斗數全書》中，『十二宮諸星失陷破格訣』中之『子丑安命』則中，意義是：在子宮、午宮的天機坐命，在丑宮的巨門、鈴星（同巨、鈴星）坐命，列在失陷破格的命格都是十分真確的。縱然有化吉之星相助會好一些，但縱然能得一些財或有主貴的格局，仍會是非多，或人生運氣變化多，會不寧靜的。

※天機坐命子宮或午宮，對宮有巨門相照，一生多是非、不寧靜。其財帛宮為同梁、官祿宮為太陰。命坐子宮的人財帛宮中天梁居陷，官祿宮之太陰居陷，命中財少，如沒有『陽梁昌祿』格，勢必為薪少之人，會貧困。命坐午宮之人，官祿宮之太陰居旺，薪資

稍豐，但皆為不主富之人。

※在丑宮的巨門、鈴星坐命，實為『天同、巨門、鈴星』坐命，天同、巨門俱陷落，且擔心三合宮位及對宮中有擎羊相沖，會有『巨鈴羊』之格局，易縊死或投水自盡，易自殺之格局，且一生不富裕，內心多煩憂。不為善格。

## 7.『機梁守命加吉曜富貴慈祥』

機梁坐命，必坐命辰、戌宮，再加吉曜，指加文昌、文曲、左輔、右弼、天魁、天鉞或化權、化祿、化科等星。文昌、文曲會在辰、戌宮出現，必是子時生或午時生人。文昌、文曲在戌宮居陷，不吉，也不富有仁慈心，故必在辰宮居得地之旺位才行。若機梁、文昌在辰宮入命，對宮必有陷落之文曲相照。若機梁、文曲在辰宮入命，對宮必有陷落之文昌相照。其中以『機梁、文昌』在辰宮的命格較好，其外界環境為較悶、不熱鬧之環境，但本人之文化水準較高，較精明、知書達禮。其財帛宮為同陰居旺，較能富貴仁慈。

**機梁坐命，有有左、右同宮者**，必是一月或七月生之人，會有左輔及右弼分別在辰、戌宮出現，是相照的模式。左輔、右弼是五行屬土的星，以在戌宮火土宮為相生較旺，在辰宮是帶水的土宮稍弱。

**當命宮在辰宮是機梁、左輔時，其對宮（遷移宮）是右弼**。表示外界環境是有保守、小氣霸道的平輩女性，強力在想幫助你的，而你自己本身會有聰明才智、剛直、寬大的心會願意受照顧及幫忙別人的。

※當命格中有左輔、右弼同宮或相照時，表示幫助、輔助太多，

有好，也有壞。左輔、右弼，助善也助惡，會幫助『天機居平』的變化多，又快又不向吉的方面發展。會幫助天梁的貴人運更多，得到照顧更多，故其人會懶，會喜歡得到別人的幫助，而自己不努力克服困難，較易成無用之人。

※機梁坐命，丙年生有天機化權在命宮。有天同化祿、太陰在財帛宮，能有富貴，其他皆較平凡。

## 8.『機梁同照命身空，偏宜僧道』

機梁坐命，或命宮為空宮，遷移宮為機梁，而又命身同宮為空宮的人，或天機、天梁、天同在三合宮位相照命宮，而命宮或身宮中有天空、地劫星者，宜做僧人道士，為空門之人。此格局為身宮有空劫較驗。

## 9.『機梁會合善談兵，居戌亦為美論』

天機、天梁同坐命宮，是具有機謀、好言談，具有運籌帷幄之智謀的人。若命宮居於戌宮亦佳。天機五行屬木，天梁五行屬火，在戌宮火土宮位，亦旺。但機梁坐命戌宮的人，其財帛宮為同陰居陷，財不豐，易窮困。官祿宮為空宮，有陽巨相照，為日落西山，主貴而無大業，易為清閒之士。

## 10.『機梁七殺破軍沖，羽客僧流命所逢』

此指天機坐命、天梁坐命，或機梁坐命，或七殺坐命，破軍坐命命格，若逢刑煞沖剋，都易做命理師或僧人、道士之流的。這是命運的造化使然。

## 11.『機梁貪月同機會，暮夜經商無眠睡』

機梁坐命者，本命不主財，但四方宮位之子女宮為武貪（有貪狼星），同時有『武貪格』暴發運格，其人之財帛宮為同陰，而且大多數機梁坐命者之身宮皆落財帛宮，本性愛錢、又愛賭一賭，故愛投資做生意，為人善投機取巧、喜歡，搶著一窩蜂的生意，一生勞碌、睡眠時間少。若再有凶星在『命、財、官、遷』出現時，得財更不易，勞碌更甚。其他如貪狼坐命、太陰坐命、天同坐命、天機坐命的人，如果找到機會，也會暮夜經商無睡眠的。

## 12.『天機加惡殺同宮狗偷鼠竊』

凡命宮中有天機星再加羊、陀、火、鈴、化忌、劫空同宮坐命的人，容易聰明反被聰明誤，再加上命中財少，會好逸惡勞，聰明但不走正道，故易為狗盜鼠竊之輩。其人是內心險惡、無正業可做之人。

## 13.『天機天相命身中，帝令財星入墓宮』

有天機或天相在命宮或身宮之中，必為巧藝之人，財星入墓宮，錢財賺不多，但能節儉存錢。天機坐命者，本身不主財，主聰明，能有專業能力、有工作就有衣食之祿，且能存錢。天相坐命是福星坐命，若入身宮亦能愛享福、不多勞動。天相也是能存錢的理財高手，故都是使財富入墓儲藏的能手。

## 14.『天機巳宮酉逢好飲離宗奸狡重』

天機在巳宮坐命，有太陰居廟相照，故會好飲酒（因太陰好飲酒之故），其人父母宮為紫微居廟，除非有擎羊、劫空，父母早逝，三合宮位煞星多，因此未必會離宗。但其命、財、官都不佳，命宮又坐四馬宮，易於飄泊是一定的了。其人有小聰明，善於察言觀色。除非本命煞多，才會奸狡重。酉宮的天機，必是機巨同宮的『破蕩』格，須白手起家，離家發展，本身多是非、又聰明度高、好爭鬥，有奸狡的特性，要小心！

## 15. 『巨機丑未為下格』

天機在丑、未宮坐命，為單星落陷坐命，代表聰明度不高，運氣也不佳。其人天生能力也不佳，其財帛宮為天同居平，官祿宮為巨門旺，為人較懶惰，工作不長久，發奮能力不強，是為下格。巨門在丑、未宮為同巨同宮，雙星俱陷落，亦容易懶惰、愛享福，其財帛宮為空宮，官祿宮為天機居平，故多半為發奮能力不佳之人。是為下格。

# 第十二章　天機的形式

## 第一節　天機單星的形式

**天機單星的形式**，會在子宮、丑宮、巳宮、午宮、未宮、亥宮等六個宮位出現。天機在這六個宮位出現的意義也各自不同。其意義會因本身旺弱陷落的位置，及與對宮相照的星曜影響之下而各自具有不同之意義。其形式也就形成了。並且此種特殊的形式會再因出生年干的不同，再加上祿存、羊、陀、火、鈴、化忌、劫空，又會形成另一些帶刑剋層級的形式。即使有文昌、文曲、左輔、右弼

同宮，也未必全然為吉。陷落的昌曲，亦有刑剋之實。陷落的天機和左輔、右弼同宮，其人會更無用。這是左右二星會助善也助惡之故。因此分析星曜的形式，即為探究其趨吉或刑剋的層級，以達到定人富貴窮通的命運層級。

## 天機在子、午宮的形式

天機在子宮或午宮皆為居廟之形式，其對宮有巨門居旺相照。故此命格的人，在家或出外工作，無論在何種環境中都多是非，其人有時候是好爭鬥，有時候只是好玩之心，閒得無聊想逗逗別人。故愛挑起是非，自己來做壁上觀。但容易被人發現其陰謀，也易遭痛斥。

天機坐命午宮的人，個子較大、較胖，坐命子宮的人較瘦、身型較小。本命中若有『陽梁昌祿』格的人，一生較有出息，無貴格的人只是一般小市民，較無大發展。因本命格的主體即是『機月同梁』格，其人的財帛宮是同梁，官祿宮是太陰。坐命午宮的人較有奮發力，本命帶財也多一些，官祿宮的太陰是居旺的，因此容易在銀行或公家機關工作求財，薪水較豐，而坐命子宮的人，官祿宮的太陰居陷，故薪水少，也易工作有起伏或不穩定的狀況。

天機坐命子、午宮的人，臉上線條較硬，人緣不算好，有些更因為是非多，而惹人厭，例如己年生人雖有天機化祿在命宮，會唯利是圖，又必須為人服務才有自己的利益，但官祿宮有太陰化忌，一生中會有與女性不合，和薪水的問題，故生活只為小市民之生活而已。丙年生，有天機化權、擎羊在午宮入命的人，是多陰謀、陰

險、善於鬥爭，有利競選的人，也能鬥出一片天出來。

**天機在子宮、午宮為財帛宮時**，是錢財多起伏變化。賺錢的方式須用聰明及腦力來變化所能得到的，例如做設計、企劃，或東奔西跑，或讓環境不斷變化而得財的行業來賺錢。自然在用錢、花錢方面，也會有時富裕、有時財窮。而且一定要做薪水族，有固定月薪或日薪、時薪可領，才會有錢可拿，生活也才會平順。沒有工作時，就會沒錢。以天機在午宮，其人手中能掌握的錢財較多。

**天機在子宮、午宮為官祿宮時**，其人會做多變化、用聰明、機變能力來運用的行業，例如新聞記者、仲介業者，或設計人員、廣告設計等等。其人非常聰明、智慧高，但工作環境也常變化，有時也會做東奔西跑的行業。但此人必會在大公司或大機構中上班領月薪、不可自己做生意，否則必有敗局。此人適合為人服務而得財。

以在午宮為官祿宮較佳，其人工作能力較好，成就較高。

## 『天機、祿存』在子、午宮的形式

**『天機、祿存』在子、午宮的形式**，都是保守、自私、小氣，天機的聰明和動感受到祿存的限制，因此只有一點小聰明運用在生活上，會事業發展不大，或無發展。只有衣食之祿，也不想多努力工作，安於保守的現狀，偶而為一些吃喝玩樂、自私自利的事費點心之外，其他須要打拚使人生格局增高的努力是全然不做的，所以祿存其實是對天機形成一種刑剋的狀況。在午宮的『天機、祿存』會比在子宮的較旺，財也較多、較大。

癸年生的人，是『天機、祿存』在子宮的形式。己年生的人是『天機、祿存』在午宮的形式。丁年生的人，是『天機化科、祿

存』在午宮的形式。

**「天機化科、祿存」在午宮的形式之意義**：雖然很有方法來表現聰明或想方法活動具有活力，但仍是在一種保守、自限、帶有小氣、吝嗇的方式或環境下在展現聰明和動感，故聰明度和發展開拓的活力還是極為有限、不大的。

**「天機、祿存」在財帛宮時，在子宮**，因本命太陰居陷，本命財少，故在子宮的『天機、祿存』也是較財少的，有衣食之祿已的薪水族之財力，必須有工作才有飯吃，工作成就也不高高。**在午宮時**，因本命太陰居旺，本命財多一些，故在午宮的『天機、祿存』也是財較豐裕一些的。雖亦是衣食之祿的薪水族之財力。但工作較順利，成就也會較高，自然賺錢較多，收入較好，生活穩定了。**『天機、祿存』在財帛宮的意思**：就是賺錢與用錢的方式皆為保守、小氣，做事也用一點點聰明及活動力在打拚，故賺錢不太多，剛夠衣食而已，但會喜歡存錢、生活節儉，用錢吝嗇。對人也小氣、刻薄。

**『天機、祿存』在官祿宮時**，表示在工作上會保守，聰明度也不算太高，除非能形成『陽梁昌祿』格的人，能靠讀書取貴，而有好一點的薪水及好一點的生活。沒有貴格的人，是工作成就不高，努力也不多的人，會中年以後怠惰，平凡以終。

## 『天機、擎羊』在子宮的形式

**『天機、擎羊』在子宮的形式**，是壬年生的人會有的形式。天機亦會受到擎羊的刑剋。此形式中天機居廟、擎羊居陷，天機為運星，故為『刑運』的形式。此形式代表正當的、正常的聰明會不

《下冊》

用，會用些旁門左道、帶有陰險意味的聰明。

**此形式在命宮時**，其人性格亦會保守、小氣、人緣不好、、常遭受是非、災禍的侵擾，本身身體有問題，亦會多煩憂。凡事小心翼翼，放不開，也無法成就大事，做事喜用小聰明，喜歡鬥爭，有小陰小險的聰明，其實內心極懦弱，其人本命財少，能力也不足，又將聰明用在沒用的事上，故一生只為小市民命格。

**此形式若在財帛宮**，表示錢財起伏不定，工作不穩定，用些小聰明也賺不到錢，其人常愛玩樂，並不認真工作，故手邊常不富裕，也易拮据、無錢可用。其人是本命財少，又不會理財，計算能力也不佳的人，一生容易窮困、憂煩多。

**此形式若在官祿宮**，表示工作不穩定，聰明古怪，正事做不久，也做不好，事業發展不佳，會做做停停，中年以後怠惰，會不

太工作了。其人一生能力差，是命窮、才弱的人，要做固定的薪水族，能領月薪，便生活有著落。

## 『天機化權、擎羊』在午宮的形式

**『天機化權、擎羊』在午宮的形式**，是丙年生人會遇到的。此形式入命宮時，表示其人性格強硬、主觀強，凡事喜歡競爭、鬥爭，喜歡掌權做主管，但也會看運勢形勢變化，若真是對自己不利時，也會懦弱，遇更強的人也會懦弱。

**此形式在命宮時**，其人多權謀、好爭鬥，會掌握時間點，來與人爭鬥，倘若遇到運氣好的時候，爭鬥就會贏，但份外辛苦艱辛！這就是『天機化權加擎羊』的關係，是因為強力的運星一定要奮鬥成功，但又遇到刑剋，故運氣進進退退，形成拉鋸戰，但最後還是

能贏得勝利的。此命格的人，尤其在子、午年爭鬥很凶，以午年運較好。但其人在子、午年就一定會發生事情來與人競爭或爭鬥。大運不好時，辛苦更甚，也不一定會贏。

**此形式若在財帛宮**，表示在錢財上多競爭和爭鬥，因此財不豐。你會愛管錢又管不好，自以為自己很有方法理財賺錢，其實常常吃虧損失，是聰明反被聰明誤的人，你只要好好工作，有穩定的職業和收入，財運就會順利，否則常常管錢又造成自我的損失，得不償失。有此形式的人，若要自做聰明的常換工作，其人就會窮，生活困難多了。

**此形式若在官祿宮**，表示在工作上爭鬥多、競爭厲害。同時，你也喜歡做有競爭激烈、挑戰性強的工作，表面看起來你非常聰明，能力強、善於競爭，但實際上，工作有成敗，也易中途中斷或斷繼續續的工作，會換很多次工作，也易工作不穩定，每次離職，都是爭鬥輸了，或不想繼續鬥下去了而自動離職。有此形式在官祿宮時，你也容易理想高而不實際，又強力想管事，當你與上司或同事的意見不相同時，你就會離職了。

## 天機化忌、擎羊在午宮的形式

**『天機化忌、擎羊』在午宮的形式**，是戊年生的人會遇到的，意義是：古怪又受到刑剋的聰明，在運氣上也是有古怪變化，又受到刑剋，會更不順利。

**此形式入命宮時**，表示其人會頭腦不清、身體瘦型，身體不好、有問題。下巴尖尖的，性格沈悶，人緣不好，也不喜歡和人多接觸。但仍容易招惹是非，一生不清靜，其人常心中煩悶，容易有

憂鬱症，其人有固定的工作，亦能有家財和房地產多，一生中容易自尋煩惱而心情鬱悶，妨礙自己的運氣。

**此形式若在財帛宮**，表示其人對錢財糊塗不清、不能理財，也不會賺錢，其人的命宮有太陰化權居旺，本身很喜歡管錢和賺錢，但會在一個笨又粗俗，不太好的環境之中，也會用一些笨方法和頭腦不清的方法來理財或賺錢。因此賺錢不易，花費耗財更多。實際上不管錢還好，管錢更容易財窮而是非多。此形式也容易工作不長久或不工作，由家人給錢花用，但給不多。

**此形式若在官祿宮**，表示其人在工作上的聰明度是古怪的，有的時候份外聰明，有的時候極笨，且容易受是非口舌的牽扯迫害，而失去工作機會或失去升官、升職的運氣。因此在工作上是易受阻礙的，不算順利的。你也容易身體不好，或有突發病症，而使人生

的層次不高，工作容易斷斷續續，做不長久、不穩定。

## 『天機、火星』或『天機、鈴星』在子、午宮的形式

### 『天機、火星』或『天機、鈴星』在子宮的形式

因火、鈴居陷，表示有偏向不好的古怪聰明，會因為個性急躁、衝動、不耐煩，三分鐘熱度，做事不積極，正事不愛做，玩樂或投機取巧的事喜歡參一腳，因此聰明不能正用，用不到讀書或工作事業上去，『天機、火星』是衝動暴躁，常有靈機一變的聰明，性格不沈穩，做事不長久。『天機、鈴星』比『天機、火星』更聰明，雖也衝動，但會按捺性子，假裝沈穩而計劃報復的性格。他也是較易吃醋、多疑，耍陰險較多的聰明，但仍是做正事不行，玩樂或投機取巧的本領較強。

**此形式在子宮入命宮時**，其人喜賣弄聰明，但易聰明反被聰明誤，正事不愛做，投機取巧的事一直做，做事也粗糙，或不負責任。或因為貪快而做事馬虎，聰明也易不用在正途。

**此形式在子宮為財帛宮**，其人在賺錢和花錢上，常遇突發狀況，財運是偶而一點、一點在改善，或有錢進的，不是常有財進的（屬於不穩定的財運狀況），但在用錢或耗財方面，亦會常有突發事件而耗財，或要用錢。

**此形式在子宮為官祿宮**，其人在聰明度或在工作上，都會有突然而有的機靈聰明，或突發想像的聰明智慧，但並不一定對工作或事業有用。有時候更會三心兩意，或突然自做聰明，工作做了一半而突然不做了，轉行了，或休息一下，跑去玩別的工作或遊戲了，因此工作不長久。

**『天機、火星』或『天機、鈴星』在午宮的形式**，因火、鈴居廟，表示有偏向特別智商高的聰明，但是會理想高，不實際，因天機不主財，故此聰明與錢財無關，如果能形成『陽梁昌祿』格，則此聰明用於學術上，或升官做事上會更增高人生的層次格局，也會得到名利。『天機、鈴星』會比『天機、火星』智商更高，智謀更多，也為達目的能運用更富於變化的機智而成功。此形式唯獨脾氣暴躁，喜歡新鮮、時髦的事物，和對事三分鐘熱度，和行事草率是其缺點。

**此形式入命宮時時**，人有巧智、機靈，會運用口舌是非來利己，有肥己之心。但要小心忙中有錯，或做事草率、馬虎、不精細。但會愛時髦、愛漂亮，也會喜歡高科技產品。

**此形式入財帛宮時**，表示錢財不多，會好運變化時，突然有一

點財進，或運用聰明時，有一點財進，或改變運氣，增運時，有一點財進，但運氣停頓，便無財進，但仍會有突發的耗財現象，不容易存錢，錢的流動很快。如果做財進財出的行業（如出納、會計），仍會看到錢，但會是過路財神。你喜歡買時髦和新鮮的東西。

**此形式入官祿宮時**，表示智商特高，有特古怪的機智，事業上也會有特別旺運的發展，但是會偶而一段時間、一段時間的往上發展，中間會有停頓，或斷斷續續的，亦可能工作會有做做停停的狀況。在工作內容方面，你也特別喜歡做一些新鮮、時髦或往設計類或往高科技發展的行業。

## 『天機、天空』或『天機、地劫』在子、午宮的形式

『天機、天空』或『天機、地劫』在子宮及午宮的形式，因天

空、地劫五行屬火，故在子宮居陷，在午宮居旺。地劫、天空居陷時，容易頭腦空的厲害，被劫財的厲害。空、劫居旺時，雖仍會錢財和利益空茫和劫財，但會在哲理和數學方面特強，能創造主貴的理念，只要大運配合的好，仍會有貴氣的人生。

**當『天機、天空』在子宮時**，會有『地劫、太陽』在戌宮。若子宮為命宮，為『運空』格式為『劫官』格式。表示本命頭腦空空，而內心的想法本身就是會有奇怪的想法是對工作不利的，或不想多工作的。

**當『天機、地劫』在子宮時**，會有『天空、太陽』在戌宮。若子宮為命宮又為『劫運』格式時，則其人夫妻宮為『官空』格式。表示其人本命會有奇怪的不實際的想法，而運氣被劫走，而實則是內心較晦暗，對工作的空茫及怠惰的觀念所致，其人並不覺得工作

和事業有多重要，也認為自己沒有能力能做好。

**當『天機、天空』在午宮時**，會有『地劫、太陽』在辰宮（太陽居旺）。若在午宮為命宮，即為『運空』格式，則夫妻宮有『劫官』格式。此表示其人聰明絕頂，但不實際，數理、哲理高，但內心對工作和事業會有古怪想法而做做停停，會不長久，有時自身也無法掌握好運。

**當『天機、地劫』在午宮時**，會有『天空、太陽』在辰宮（太陽居旺），倘若午宮為命宮即為『劫運』格式，則夫妻宮為『官空』格式，表示其人很聰明，但不實際、好高騖遠，內心對事業沒有太重視的想法，因此會做人、做事馬馬虎虎，人生沒有成就。

## 天機化權在子宮的形式

**天機化權在子宮的形式**，表示份外聰明，也好管事掌權，是丙年生的人會遇到的，**此形式入命宮時時**，則其遷移宮（對宮）為巨門、擎羊，表示環境不佳，多是非口舌或災禍，一生不清靜，亦多煩惱，環境中多爭鬥，你必須運用智慧及運氣才能壓制下來環境中的險惡。因為其財帛宮尚有天同化祿、天梁，一生錢財問題還平順，也有父母照顧。只是朋友宮不好，有廉貞化忌、貪狼，要小心朋友暗害。

**此形式入財帛宮時**，表示在錢財方面能掌權，也愛管錢。但福德宮有『巨門、擎羊』，財的來源不好，故本命財不多，要靠不斷的工作，生活才會平順。你較會貪圖享受、玩樂，並不能真正管到錢。

**此形式入官祿宮時**，表示會運用聰明來工作，很會用機智變化來掌握時機。你會在事業上有輝煌的發展，但得財不多，是主貴不主財的格局，你本命有天同化祿、天梁，表示你做人圓滑、溫和，桃花多，得人喜愛，能力不錯，但手邊錢財不豐裕，因此做上班族、薪水族，人生會順利。

## 天機化祿在子、午宮的形式

**天機化祿在子、午宮的形式**，都是為人服務，要做薪水族，才稍能得財的形式。化祿只能使天機的人緣稍好一點而已，在財的方面來說並不多，且是薪水之財。**此形式入命宮時時**，其人會口才好、愛講話、做人圓滑，外表好像很能幹，但不一定。命坐午宮的人，較能幹。命坐子宮的人，能力較差。主要是命坐午宮的人，財、官二位也較好，星曜居旺位。財帛宮有天同、天梁化權是居旺的。官祿宮有居旺的太陰化忌，命坐子宮的人，官祿宮是陷落的太陰化忌。這種『權祿忌』相逢，是乙年生的人會遇到的。還是一生事業不穩定，人命中的財會不太多，不太夠用。

**此形式入財帛宮時**，其人的命宮有太陰化忌，本人頭腦不清，對錢財有刑剋，故都有天機化祿在財帛宮，錢財仍有起伏，不見得薪水領得久。

**此形式入官祿宮時**，其人的薪水工作稍帶一點財，故會有薪俸可生活，但其人的財帛宮有太陰化忌，有錢財困擾，不會理財和存錢，因此仍是財運不繼，要做才會有的錢財格局。

## 天機化科在子、午宮的形式

**天機化科是丁年生人會遇到的。意義是**：很有方法變化及掌握運氣，或很有方法來聰明一下。**此形式在子宮時**，對宮有『巨門化忌和祿存』相照，表示外在環境多是非和保守，又是『祿逢沖破』，故要極力用聰明才能應變。此形式在午宮時，會和祿存同宮，對宮是巨門化忌相照，這是本命很保守，而外在環境中是非災禍多，因此『天機化科』在子、午宮的形式，都是很保守，在小規模的爭鬥是非中頭腦不清，但表面上像是很有方法來搞變化，或想拉抬運氣的樣子。

**此形式入財帛宮時**，表示錢財少，又隱伏著財運不佳的惡夢．本命就易欠債的命格。**此形式入官祿宮時**，表示人內心多糾葛、保守，但工作上會做很有變化的工作，因此你容易想得太多，而實際

上易吃虧上當。

## 天機化忌在子宮的形式

**天機化忌在子宮的形式，是戊年生人會遇到的。**會因天機居廟和化忌在水宮，刑剋較不嚴重（比午宮好）。但其對宮即是『巨門、擎羊』，表示本身頭腦不清楚，而環境爭鬥多，其人會身體傷殘，但其官祿宮有太陰化權，故一生能有工作就有錢賺。

## 天機在丑、未宮的形式

天機在丑宮或未宮的形式都是天機居陷的形式。表示運氣正是在谷底的時候，而且有往下沈淪的隱憂。天機五行屬木，丑宮是帶

水的土宮，對天機較有利。未宮是燥土宮，對天機較不利。故天機在丑宮的命格是利於天機在未宮的。此形式中因對宮有居旺的天梁，表示在其人環境中到處受人照顧。因此環境中貴人多。貴人多，受照顧多，亦表示其人自己能力較差，而喜歡受人幫助。

**天機坐命丑、未宮的人**，都有較富裕的父母，父母對他最好，會百般照顧他一生。其實在外有長輩型的人也會照顧他。此命格的人，因對宮有天梁，很容易形成『陽梁昌祿』格。有貴格的人就能有不同於流俗的人生，很會唸書，可藉由讀書、增高學歷來賺錢生活，亦會有高層次的人生了。沒有貴格的人，會是無用的人，會靠父母、親人過日子，自己很好命，但讓別人操心。其人的財帛宮是天同居平、官祿宮是巨門居旺，仍是『機月同梁』格，須做薪水族的命格，但要看命裡財多財少而定了，命中財多的人，會有貴格，亦成就自己的事業。命中財少的人，便無法工作，會成為別人的負擔了。

**天機坐命丑、未宮的人**，其出生時間點就印證了父母正逢衰運，而運氣直落谷低。而後父母運氣漸漸轉好，想到自己生此子時一些困苦的經驗，就會特別照顧這個小孩，人都是順應時間點的需要而出生的。小孩不可隨便亂生，要選自己運氣好的時候才能生小孩。有些父母常埋怨小孩自己不學好，或小孩自己不讀書、不受教，而生氣的不想管他們。要知道這些子女不好的原始原因，都是父母的問題！是父母沒在好時間將他們生下來。結果生到一個命格差、凶暴或好玩，文昌陷落、粗俗不愛唸書、不愛學習的小孩。有些父母自己本身就不愛唸書，其製造的環境也都粗俗不文，其磁場周圍所吸引來的人也都不愛唸書、粗俗、隨便，自然順應環境而生

的小孩也會是這樣的小孩。如果要改善，生一個有『陽梁昌祿』格貴格的小孩，這恐怕要費盡心機，要極度精挑出生時間，還要父母有強烈想要生愛唸書、有高成就的小孩才行。若父母只是隨便懷孕（不注重好運時間），而把生產時間交給算命師去算，自己本身也不用心在照顧子女未來的教育上，只想已叫人幫他找個好命的小孩了，應該自己就不太麻煩了，如此這般，你也不一定能生出品行、能力都超好的小孩。你一定要自己先鑄造了好的磁場，好命的小孩才會生出來。

## 『天機在丑、未宮』剋應事物：

**在人的方面**——代表瘦小的人，最小的兄弟、老么、不起眼的人、平輩、能力不強的平輩、沒有大能力，都有小聰明的人、受人照顧的人、弱勢的人、成就不佳的男性父執輩、身體不好的叔叔、伯伯、能力不好的叔伯輩、不常發表作品的設計師、畫家、內向的老師。

**在事的方面**——沒有特色、沈腐的思想、理論、秘密宗教，有偏執傾向的哲學或學術，突然終止的遠行，自閉不活動的事，運氣突然沈落谷底的事，笨事，聰明反被聰明誤之事，光說不練之事。

**在物品的方面**——小而破舊之車輛、破機車、小而舊的機器、小而無用之樹，廢棄之電桿、沒有用之眼鏡、廢棄之鐵道、慢慢轉動之物、泡過欲丟棄之茶葉、有瑕疵的眉毛、破損之窗。

**在地的方面**——代表小而畏縮的樹和樹林、破舊的玻璃行、破舊不起眼的眼鏡行、廢棄鐵道旁、小的雜亂的機車行，或小的雜

破的機器工廠、小的破的票亭、小的破舊的休息站、車站、小而破舊的小茅草屋或停留點，登山、打獵所用之山上避風小屋。

**在建築的方面**——代表體積不大之破舊雜亂之建築、代表公家機關、警衛室或收發室、代表小而破舊的民宅、代表小而破舊的山上小屋、代表雜亂不美、破舊的房子、代表外表為黑灰綠色、不好看的建築、代表即將廢棄的房子、小屋，代表高度不高，讓人厭惡鄙棄的小樓，代表雜亂、破舊沒有整理的房子。

**在疾病的方面**——代表肝臟、膽臟疾病、頭暈眼花，代表腦神經衰弱、頭痛、頭臉破相、筋骨酸痛、多夢難眠、憂慮多想、易受驚、女命經血虧損等現象。

**天機在丑、未宮入命時**，其人身材較瘦或較矮小，以在丑宮為較瘦或矮小，如有擎羊或陀羅同宮入命的人，因天機居陷，陀羅或

擎羊居廟，則命格以擎羊或陀羅論之（天機的力量不強，羊陀的特質較明顯了），此命格的人，因財帛宮是天同居平，官祿宮為巨門居旺，仍為『機月同梁』格的人，會做上班族或公務員，則命格較佳，某些沒有工作能力的人，會靠家人養活。

**此形式若在財帛宮時**，代表在錢財方面的機運不多，不會賺錢、理財能力也不好，常賺不到錢，或對錢財沒概念，因此手邊常沒錢，但福德宮有天梁居旺相照，因此天生會有長輩或貴人給錢給你花，因此也算是好命了。

**此形式若在官祿宮時**，代表工作及事業上機運很差。同時也表示你在做事或智慧上不太聰明，但會用小聰明或走旁門左道，因此成不了大事，也做不了稍為好一點的事業。故而在工作層級上較低，亦會學歷較低、職位較低。如果能形成『陽梁昌祿』格的人，

適合做教授或研究、教書工作，會沒有名位，但仍工作穩定。沒有貴格的人會為小市民或一事無成，或遊手好閒。

## 『天機、擎羊』在丑、未宮的形式

**『天機、擎羊』在丑、未宮的形式**，因天機居陷，擎羊居廟，故是以擎羊為主體的命格。**入命宮時**，其人會身材強壯，長相下巴尖圓，稍為有些彪悍，中等微胖身材、頭臉有破相。在性格上，會愛計較、好競爭，自以為聰明，做了笨事也不讓別人講，有些霸道，有理講不清，易固執、衝動，感情敏感，容易感情用事，記恨心強，恩怨分明，做事乾脆，不喜拖拖拉拉。擎羊是刑星，天機是聰明之星和運星，因此是此人的已不太多的聰明和已低微的運氣又逢到刑剋，故而其人是凡事都想和別人不一樣。某些事又想的和人一樣，所以某些地方是該和別人同等級，要相同的事，他做不到，自己造成和別人不一樣。不該和別人一樣待遇的，他又想和別人一樣了。不該很爛的事，他又和別人一樣爛了。所以好事沒機會輪到他，衰事倒是常找上他。

**此形式入命宮時**，其夫妻宮定有太陽、陀羅。表示其人外表計較，而內心做事、想事情又是粗枝大葉的，並且很粗獷、不細心，只往對自己好的方面想，也可以說是一種笨的內心想法和感情模式了。因此他也會常說些沒意義又易惹是非的話出來，惹人討厭。

**此形式若在財帛宮**，其遷移宮有太陽、陀羅，表示環境不好，環境中竟是一些工作上很笨的人，工作不力的人，因此你會在錢財上受到刑剋，賺錢少或不會理財、又耗財多，常會有一些意外花費及耗財，根本是入不敷出，容易欠債的。

**此形式若在官祿宮**，表示其人天生較笨，智商不高，聰明度也不好，會沒有工作能力，容易不工作，靠人吃飯，或是做一些低下又不必用腦子的工作。

《下冊》

## 『天機、陀羅』在丑、未宮的形式

**『天機、陀羅』在丑、未宮的形式**，是天機居陷、陀羅居廟的形式，故是以陀羅為主要特質，以天機為輔的狀況。此形式表示聰明和機運落到谷底最低處又原一直打轉，無法進入否極泰來、運氣開始回升的狀況。

**此形式入命宮時**，其人外表較矮或粗壯、頭顱圓圓的，外表都粗笨，性子悶慢，凡事慢吞吞，喜歡自己想一套方法，自顧自的用自己的方式做事，完全不管別人的意見，常做笨事，而且以為別人

不能瞭解自己。命宮在丑宮的人，其夫妻宮有太陽化忌居陷，內心感情不順暢、頭腦不清楚。命宮在未宮時，其人的福德宮又是太陰化忌，其人亦是頭腦不清，本命財少，因此這種笨人是天注定的了。

**此形式入財帛宮時**，表示賺錢或花錢的方式很笨，沒有方法，而且耗財多，不會理財，工作能力不佳，此人多半是靠長輩的錢過日子的人，自己真正賺的錢很少或不多，也常容易做些粗活，但拿不到錢，通常是做人頭戶的方式，名字給別人用，或抵一個空缺位置，拿那一份錢。

**此形式入官祿宮時**，表示智商不高、智慧有限，天生較笨，因此會做粗活，或不工作，一生沒有職位，或職位低，用勞力工作，或做不斷重複，又不需花腦力的工作，還能做一些，稍為有變化的

工作就做不好了。

## 『天機、火星』或『天機、鈴星』在丑、未宮的形式

### 『天機、火星』或『天機、鈴星』的形式，在丑宮時，

因火、鈴居得地之旺位，天機居陷，故火、鈴的氣燄較高。此形式的意義為不高的聰明和在谷底的運氣中有一些小火花蹦出來，但沒有用，既不能提升運氣，也不夠真的聰明，而且還可能會造成其他不好的傷害。

**入人命宮時**，其人會有許許多多沒用的小聰明，性子急躁，火爆難以控制，愛時髦，愛追流行，性格古怪，情緒不正常，易有憂鬱症，有時突然會高興起來，突然熱衷某一件事，可能三分鐘之後就冷卻下來，沒做完也不做了。此命格的人，要小心意外傷害、車

禍、血光，這些都是性急貪快惹的禍，其人也做事粗糙，靜不下來，容易一事無成。

**入財帛宮時**，表示原已低濔的財運，又有一些小古怪現象，正財沒進，但進一些奇怪的錢，常常又要吐出來的錢，因此仍不吉。

**入官祿宮時**，表示頭腦笨又喜出花招，有古怪的小聰明，但仍工作不力，沒法子正常工作，會三分鐘熱度，做些臨時工，或不工作，投機取巧過日子。

**在未宮時**，因火、鈴居平，故其意義為較笨的聰明度和很低的運氣裡，有小火花也不明顯，容易熄滅，是故只會用歪理或旁門左道來碰運氣，但也沒運氣，因此易遭災。**入命宮時**，性格古怪，常有氣無力，忽冷忽熱，情緒不正常，易有躁鬱症，喜流行或時髦，但也不長久，凡事做不長久，也沒定性，易變動，且是往下墮

落性的變動，無法向上翻升，易一生一事無成，多靠長輩給錢生活。

**入財帛宮時**，不會理財，財運又不佳，賺錢和用錢方面的智慧和機運是特別笨又不好的，但又喜出怪招，有古怪的想法，以致於耗財很快，但賺卻賺不到很多。

**入官祿宮時**，表示頭腦笨，又愛用些小花招，無法有正常工作，偶而有一點工作，也會因為用古怪的聰明和花招而失去工作。適合做臨時工，或別人需要人充人頭數時，會找你去充數一下。

## 『天機、天空』或『天機、地劫』在丑、未宮的形式

『天機、天空』或『天機、地劫』在丑、未宮的形式，其意義是智慧不高的小聰和運氣低到谷底的運氣又逢空、劫，空無一物

了。

通常我們要看空、劫的意思時，要兩個一起看，例如天空和何星同宮，則另一個地劫在何宮又與何星同宮，兩邊都搞清楚了，意義就出來了。

**當『天機、天空』在丑宮時**，酉宮有天空、地劫，這表示當最差的聰明及最低的運氣都逢空沒有時，在三合宮位中定有劫福的形式。這也暗示此人沒有工作能力及命不長。

**當『天機、地劫』在丑宮時**，酉宮會有天同、天空。這表示最差的聰明，及最低的運氣，都遭到劫運時，其人會道聽塗說，自做聰明亂搞一通，在三合宮位定有福空的形式。這也暗示了此人會瞎聽瞎做、害死自己。

**當『天機、天空』在未宮時**，卯宮有『天同、地劫』，這也表示頭腦空空，運氣空空，三合宮位有『劫福』形式，故而福不全，易財少、財窮，命不長。

**當『天機、地劫』在未宮時**，卯宮有『天同、天空』，這也表示原本很笨的腦子，以及原本很爛的運氣，還想意想天開，聽一些瞎意見來碰運氣，自然會『福空』，而遭災難了。

## 『天機化權』在丑、未宮的形式

**『天機化權』在丑、未宮的形式是丙年生人會有的形式**。因天機居陷，天機化權的力量也不強，只是稍有形式而已。其意義是：有時有管事想賣弄聰明，有時又不想管，又不想賣弄小聰明。因此仍會一事無成，做不了大事，天機化權為無用。

**此形式入命宮時**，表面看此人說話，表現好像很有一套，也很

得上司、長輩的疼愛、尊重，一生在錢財上無虞，有長輩照顧，但和平輩的兄弟、朋友處不好，正事不會做，專會拍馬屁，逢迎長上，對平輩虎假虎威，惹人討厭。一生也難成大器。有『陽梁昌祿』格的人，可在學術界生存。

**此形式入財帛宮時**，表示你對錢財一會兒想管，一會兒又不想管。你看到錢多時想插手管一下，看到有帳要付時，又不想管了。所以你是投機取巧的人，但錢財掌權之事最終也不會落到你手上，因為你的財運很差。錢到你手上，馬上會變成負債的狀況，你會像燙手山芋一樣快速的丟出去。

**此形式入官祿宮時**，表示你在工作上是一會兒想要管，或想打拚，一會兒又不想管或不想打拚，所以仍是工作不力、無大成就的狀況。其人會有年長的配偶養他、照顧他，工作斷斷續續，也沒多大關係。

## 『天機化祿』在丑、未宮的形式

**『天機化祿』在丑、未宮的形式是乙年生人會有的形式**。這是天機化祿居陷的形式，故在財的方面極少，只是長相或人緣上不那麼差、稍好一點點而已。仍是做薪水族，領少少的錢的形式。其人聰明度不高，但會瞎掰和巴結別人，因此人際關係的氣氛不致於太差。**此形式之意義為**：不太聰明的智慧及極低的運氣中還有一些圓滑的手法和潤滑劑，是故運氣仍不好，但在衰運中仍能圓滑度過。

**此形式入命宮時**，**在丑宮**，其人因福德宮有太陰化忌、祿存，其還移宮為天梁化權居旺，故其人的父母或家長管得凶，其人頭腦不清，本命窮，要靠家人過日子，自己只是運用小聰明生存而已。

**在未宮**，遷移宮仍是天梁化權，福德宮仍有太陰化忌，此命格仍是頭腦不清，錢財不多的人，靠長輩照顧養活，但此命格比在丑宮的命格，在本命財上稍多一些。

**此形式入財帛宮時**，因福德宮有天梁化權，夫妻宮有太陰化忌，其人內心對錢財理念不佳、心窮，但天生有長輩會給錢照顧，故在錢財上雖沒能力賺大錢，但長輩或年長的朋友會給你賺小錢。因此你努力工作，仍有賺薪水可生活的財運。

**此形式入官祿宮時**，因夫妻宮有天梁化權，遷移宮有太陰化忌，故易不工作，或做上班族做不久，家中妻子掌權，或配偶掌權，你一生都不愁衣食。男子此命格如果未婚，則會窮困無用，遇災而亡。

## 『天機化科』在丑、未宮的形式

**『天機化科』在丑、未宮的形式是丁年生人會有的形式**。天機化科是居陷的形式，因此化科較無用。又因三合宮位有巨門化忌，故此形式之意義為很有方法的使運氣更爛更往下墜落，或很有方法的表現不聰明、很笨。

**入命宮時，在丑宮**，因其遷移宮有『天梁、擎羊』，表示環境是『刑蔭』格局，故沒有長輩和貴人照顧了，狀況很不好，或是長輩或貴人用很凶的方式照顧，對他造成一種刑剋。其人官祿宮有巨門化忌、陀羅，本身笨、又智慧上多是非、麻煩的扭曲想法，故工作沒有能力，會碰到誰，就享誰的福。例如早日結婚，就能享配偶的福，由配偶養活，或做粗工過活。

**在未宮時，其人本命宮為天機化科、擎羊**。其人內心陰險、強悍、愛競爭、愛計較，會很有方法用小聰明，及陰險的技倆來爭奪好處，其遷移宮有天梁居廟，仍有長輩和貴人照顧，其人財帛宮為天同化權居平，福德宮有太陰化祿居旺，雖然官祿宮是巨門化忌，工作不順利，多是非，但仍能管父母和長輩給的錢。工作不一定能做的長久，可管自家人的錢。但父母不在時，就會一無所有。

**此形式入財帛宮時**，在未宮較好，在丑宮較慘。**因在丑宮時，為天機居陷化科**，而其福德宮為『天梁、擎羊』是刑蔭格局，父母長輩不照顧不給錢了，而其人本命有巨門化忌、陀羅，本命較窮，又自以為會理財，但愈理愈糟，愈搞愈窮，頭腦不清楚又笨，自然有錢也留不住了。**在未宮時，財帛宮為『天機化科居陷、擎羊』**，表示手中錢財掌握少，又須競爭，屢遭刑剋，故其人會小氣，吝嗇，但也節儉，可是其人福德宮為天梁居旺，有長輩、父母，及貴人照顧給錢，其人命宮雖有巨門化忌，頭腦不清多是非，但仍能享受父母長輩及貴人所賜之金錢，一輩子生活無虞。

**此形式入官祿宮時**，在未宮也比在丑宮好。**因在丑宮時**，官祿宮為天機化科居陷，而夫妻宮有『天梁、擎羊』相照官祿宮，其人的財帛宮又為巨門化忌，這表示錢財不順、多是非，工作做不長，因夫妻宮所代表的內心世界是一種『刑蔭』格局，不想多管事、做事，也不想給別人管，因此在工作上會很有方法的逃避責任，終將惹人厭而失去工作，或愈做愈爛，成績不佳。

**在未宮時**，官祿宮有『天機化科、擎羊』，而夫妻宮有天梁居旺，財帛宮有巨門化忌，其遷移宮有太陰化祿居旺。表示其周圍環境財稍多，是公務員或薪水族豐裕的財，感情也豐富圓滑，而內心世界很愛照顧人，或喜歡被照顧，因此工作及事業上雖競爭險惡、

鬥爭多，運氣不佳，但仍有方法用有限的智慧去拼搏。同時也會有年長的配偶來幫忙、協助，日子和工作也能慢慢變好。工作上也會有起伏或斷斷續續的狀況，但有人支持你，仍能過好日子。

## 『天機化忌』在丑、未宮的形式

**『天機化忌』在丑、未宮的形式**，是天機居陷又帶化忌，狀況極糟。**此形式之意義為**：極低的智慧和極低的運氣，又逢刑剋、古怪、是非、扭曲，變更複雜而不成形。此形式為戊年生的人會遇到的。

**此形式入命宮時**，表示頭腦不清楚、愛自做聰明、做繭自縛，自尋煩惱，其人夫妻宮或官祿宮會有祿存進入，表示是內心小氣、心窮或智慧窮，但福德宮有太陰化權。坐命丑宮的人，其福德宮的

太陰化權為陷落形式，故本命窮，又頭腦古怪、內心窮，自然一生的際遇不佳，易靠家人或父母生活。

**此形式入財帛宮時**，表示對錢財的觀念不佳、糊塗、頭腦不清，很可能連錢怎麼失去的，自己都搞不清楚。此人常丟錢，或買些莫名其妙的東西，賺錢賺不到，但花錢也不用腦子。其人內心雖小氣，又捨不得花錢，但總是花小錢吃大虧，內心強勢要管錢，但實在沒理財的專業能力，財運又不佳，故易心裡想的和實際狀況差很遠，是特別好高騖遠的一種類型的人。

**此形式入官祿宮時**，表示頭腦不清，智慧與工作能力都一塌糊塗。此人的遷移宮中有太陰化權，表示環境中有強勢的女性愛管事，也表示你容易做薪水族。但官祿宮在丑宮的人，因環境是窮又愛管的狀況，環境中的女性本身窮又愛插手管錢，是故你的工作根

本沒著落，做不好或常無工作可言。官祿宮在未宮的人，其人的遷移宮是太陰居旺化權，代表周圍較富裕能掌財，而且環境中的女性會為你管錢招財，故你生活較富裕，雖事業不甚理想，但配偶不會計較，會照顧你，事業始終不高，但有人會養你。

## 天機單星在巳、亥宮的形式

**天機單星在巳、亥宮的形式**，是『紫微在子』或『紫微在午』兩個命盤格式會碰到的星曜。天機為居平的形式，表示運氣很低瀰，會愈來愈往下降，而其聰明度也會只有小聰明，沒有大智慧，未來也不可能變好。『天機在巳宮』的形式會比『天機在亥』的形式為好一點。因為『天機在巳宮』的形式之對宮有太陰居廟，環境

好，能得到溫柔體貼的對待，環境中財多，其人本命也稍帶財多。在『亥宮的天機』形式，因對宮相照的太陰居陷，為環境窮的形式，也會缺乏善意會冷淡的對待。其人命中財少，故自己窮，環境也窮，日子不好過。其人常心情鬱悶、不開朗，凡事提不起勁，人緣不好，惹人討厭，一生機運也不算佳。

**天機在巳、亥宮入命宮時，在巳宮**，其人外表較美麗、有人緣、有桃花，有異性緣，周圍的人都會對他體貼疼愛、捧著他，因此他也會嬌縱。其人的財帛宮為『同巨』，官祿宮為空宮，此人只有父、夫、子、僕等宮好，父母宮好有紫微居廟，夫妻宮有陽梁，子女宮有武相，因此人一生注重家庭生活，家庭對其影響力大，若配偶找得好，工作也會有一定成就。如果晚結婚或找到比自己年幼的配偶，則一生不順。其人一生受父母的恩澤大，只有父母對他最

好。

**在亥宮**，因遷移宮的太陰居陷，環境及所受待遇也不佳，其人常臉色臭臭的，外表也不漂亮，個子瘦小，或處處不討人喜歡，人緣差，異性緣也不佳了。其父母宮的紫微居平，故父母對他也只是一般的好，還算好。其夫妻宮是『陽梁在酉』宮，故配偶能力也不佳，其人內心常懶洋洋的，做事不起勁，對人也不太理睬。高興時理一下，不高興時不理。其財帛宮也是同巨，官祿宮為空宮，故一生能力及財力差，自己能努力的也少，易靠人過日子，父母在還好，父母不在時較辛苦。

**此形式入財帛宮時**，**在巳宮**，表面上財運不佳。錢財常有起伏、波瀾，理財能力差，只是用小聰明在理財。但因其遷移宮為陽梁，福德宮為太陰居廟，其父母會照顧他，尤其母親給錢最多。其

人一生沒什麼能力工作，但享受都由母親供給。**在亥宮**，其人理財能力差，賺錢能力也差，會用一些小聰明在搞錢。但本命財少，父母會照顧他，但父母也不太富裕，故也享受少。會花一些莫名其妙的錢。

**此形式入官祿宮時，在巳宮**，表示智慧不高，工作成就不好，也容易常沒工作，工作多起伏，不長久。其人是同巨坐命丑宮的人，其遷移宮及財帛宮都是空宮，自己沒能力，會靠父母或配偶給錢花用（還好，父母和配偶還有錢，會給錢）。**在亥宮**，其人的財、遷二宮也是空宮，而夫妻宮是太陰陷落，福德宮為『陽梁在酉』，故配偶和長輩父母較窮、不富裕，沒太多錢給，而此人自己能力又差，故易過窮苦日子。

## 『天機、祿存』在巳、亥宮的形式

**「天機、祿存」在巳宮的形式**，分丙年或戊年生的人，各有不同。丙年生的人，是『天機化權、祿存』的形式，戊年生的人，是『天機化忌、祿存』的形式。

**「天機化權、祿存」在巳宮的形式**，因天機化權居平，化權力道不強，而祿存又限制了天機化權的活動力。所以是一會兒想強力要動，要變化，但一會兒又靜下來穩如泰山了。因形式有些古怪的現象，會一會兒想強勢要管事，但又管不了，一會兒又保守起來不想管了。

**此形式入命宮時**，其父宮為『紫微、擎羊』，為『奴欺主』之格局，父母的能力、財力也不強，其財帛宮雖有天同化祿居陷、巨門，官祿宮為空宮，此種仍是家世不好的小市民命格，早點結婚有

配偶照顧就會有好日子過了。

**此形式入財帛宮時**，錢財上只有衣食用度的錢財，想管錢，但也不易管到大錢，錢財還易有起伏，要小心用錢，才不致於吃虧。工作上賺的錢也少。

**此形式入官祿宮時**，工作上會做薪水不多的上班族，賺的錢可夠衣食生活，你會打拚能力一會兒高、一會兒低，心情好就會打拚，心情差時會小氣、吝嗇、自私，只做有利於自己的一些小事，不會多花腦筋幫雇主分擔公事。你適合做一板一眼，變化不大及職位不高的工作。

**『天機化忌、祿存』在巳宮的形式**，此為戊年生人會遇到的，此為『祿逢沖破』的形式。但依然會頭腦不清又保守小氣、吝嗇、自私，只顧自己，此形式之意義為：聰明、機運都很差、又古怪，

但能保守的顧自己的衣食，不會餓死。

**此形式入命宮時**，其人頭腦不清，面容五官也不易讓人記得，態度有些畏縮怕人。其人遷移宮有太陰化權居廟，因此會受父母照顧，由以母親照顧及管他最嚴格。未來結婚後就由妻子和女兒來管他，一生倒也享福。此人會靠家財生活，自己工作能力不強。

**此形式入財帛宮時**，錢財不順，常因聰明失誤而損失。只能有吃飯的錢財，沒有大錢，也不會理財，會該花的不花。不該花的，又損失了。想賺又賺不到錢，其人仍是靠父母、長輩養活，尤其母親或女性給錢最多。

**此形式入官祿宮時**，工作不長久，會多是非而做做停停，賺錢不多，足夠吃飯的小錢。其人也頭腦不清，常不工作。因夫妻宮有太陰化權居廟，故配偶賺錢很多，不需要他賺錢了。

**『天機、祿存』在亥宮的形式**，是壬年生人會遇到的，祿存五行屬土，在亥宮水木重，會剋土，故祿存在亥宮為虛浮，帶財很弱。因此這個『天機、祿存』在亥宮的形式是較窮的形式。其對宮也有太陰居陷相照，環境更窮。

**此形式入命宮時**，其人是保守、畏縮，聰明度不高的人，其人的父母宮是『紫微居平、擎羊』，故亦是『奴欺主』的格局，表示父母也懦弱對他不好，或父母的財力不佳，自然也沒辦法照顧他了。其人最好早點結婚，會有年長的配偶來照顧後半段人生的生活。因其財帛宮是同巨居陷，官祿宮為空宮，故只能靠別人給錢花，來養活他，自己沒能力賺錢生活。

**此形式入財帛宮時**，表示本命少，手中可用的錢財少、能力差，又賺不到錢，理財智慧與財運都極低，故靠長輩或貴人賞錢吃飯，自己沒能力賺錢。或做一些簡單的工作糊口。

**此形式入官祿宮時**，表示智慧低、保守，工作能力不強，只會做能糊口的上班族而已，事業成就不大。會做內勤、變化不多的工作。但也會做做停停、做不長久。

## 『天機、陀羅』在巳、亥宮的形式

『天機、陀羅』在巳、亥宮的形式，是丁年、己年、癸年生的人會遇到的。

**『天機、陀羅』在巳宮**，是丁年生的人，**有天機化科、陀羅在巳宮**，天機化科居平，陀羅居陷，故意義是：性格笨又龜毛，很有方法的使運氣愈變愈原地打轉，又很有方法的愈變愈笨。

己年生的人，只有『天機、陀羅』在巳宮，癸年生的人，有

『天機、陀羅』在亥宮，這兩種都是頭腦古怪，有時好像很聰明，有時會笨到不行。這是智慧與運氣都原地打轉。其人也常會心悶，做不了什麼事。**入人命宮時**，因福德宮有擎羊獨坐，故是天生有刑剋、操勞不斷，但工作能力又不強的人，做事拖拖拉拉，拖很久沒成果。本命財少，要小心傷災、血光、車禍的問題。

**此形式入財帛宮時**，因夫妻宮有擎羊，要小心內心太小氣不平衡而賺錢方式很笨、多是非，而賺不到很多錢，只會靠父母或長輩幫助給錢，其實自己的能力差，理財能力差，得財不易。但耗財或花錢卻很快，也易上當受騙。

**此形式入官祿宮時**，其人因遷移宮有擎羊獨坐，是環境不好、爭鬥多、有刑剋，故天生很笨，工作不力，會斷斷續續、不長久。並且所做的工作也會是粗重的、勞力型的工作。

## 『天機、火星』或『天機、鈴星』在巳、亥宮的形式

**『天機、火星』或『天機、鈴星』在巳、亥宮的形式**，會因天機居平，而火、鈴在巳宮居得地的旺位，在亥宮居陷而有所不同。這表示有衝動、火爆的脾氣、古怪的性格和想法，在巳宮的形式中，會為居平的天機帶來活動力，會提高聰明度，有時能有意外之好的機遇。在亥宮的形式中，因火、鈴居陷的關係，衝動、火爆的脾氣發一下，就洩了氣，而且會往邪門歪道方面有活動力，對人沒有正面的助力。

**此形式入命宮時，在巳宮**，其人個子中等不太高，但精幹有力、精神好，做事有衝勁，喜愛流行事物，愛美、愛時髦，會有許多新奇的構想和創意、幻想力好，但三分鐘熱度，不長久，實行力也不算持久。因財帛宮仍是同巨，官祿宮仍是空宮，故依然會依賴

父母或配偶生活。**在亥宮**，其人較瘦，衝力不足，易有氣無力，對流行事及時髦用品仍會喜愛，但熱度更短，沒有創意和新奇的構想，大多時候是想不勞而獲，靠人生活。

**此形式入財帛宮時**，**在巳宮**，財運不佳，但會有一搭沒一搭的進帳。有時熱鬧時，就有錢可進。表示有長輩會給錢。**在亥宮**，財運不佳，進財機會少，偶而有一點財運，或長輩給錢，會給得少，或又半途不給了。

**此形式入官祿宮時**，**在巳宮**，工作運會有一搭沒一搭的，斷斷續續不長久，常是臨時工作。有時突然有人來找你工作，但做完又要等一段時間才會有工作。有時非常忙碌，有時閒一大段時間，因此收入也不穩，有工作時，就像有偏財運一樣，沒工作時又像暴落一般。**在亥宮**，工作運也是斷斷續續，但會等很久才有一個工作，工作又一下子就做完成了，又要等很久才有工作，因此財運、薪水不佳，必須再加強人緣方面的力量才會變好。

## 『天機、天空、地劫』三星同宮在巳、亥宮的形式

**「天機、天空、地劫」三星同宮在巳宮**是午時生的人會遇到的。

**「天機、天空、地劫」三星同宮在亥宮**是子時生的人會遇到的。

**此形式的意義：**皆為聰明和機運皆空空如野。因天空、地劫五行屬火，在巳宮火宮，空劫較旺，故在巳宮的形式，是聰明、才智會超脫世俗的現實狀況，呈現高標準的智慧或靈感幻想。在亥宮的形式，因劫空居陷，則易走旁門左道，不行正道，也會超脫現實，形成不實際，有邪惡幻想的貪念。**此形式入命宮時**，皆會頭腦空空不實際。命坐巳宮的人，如果走科技、數理、物理方面的路子，或

是走宗教、哲學方面的路子，會有發展。但其人不愛錢，也不想賺錢，只會研究而已。命坐亥宮的人會意想天開，一事無成，為無用之人。

**此形式入財帛宮時**，錢財空空，不會賺錢，也不會花錢，手邊沒錢也沒關係，其人對錢財不實際，環境中會有長輩或貴人為他打理，因此不需要管錢或用錢，此人也容易靠人吃飯過日子，自己不工作。

**此形式入官祿宮時**，表示頭腦空空，不工作，或工作一段時間便放棄了，他會靠父母或配偶生活，其人也根本做不好什麼事。

## 『天機化祿』在巳、亥宮的形式

天機化祿在巳、亥宮的形式是乙年生的人會遇到的形式。天機

化祿居平，對宮相照的太陰化忌對其人影響很薄。天機化祿在巳宮時，對宮的太陰化忌在亥宮居廟，化忌不忌，故此天機化祿還有一些薪水之財。當天機化祿在亥宮時，而對宮的太陰化忌在巳宮居陷相照，因此這個天機化祿，是極窮、有財務煩惱、欠債的、不可不做，否則就會餓飯的工作之財了。此形式只適合為人服務、為人工作、不適合自己做生意，否則必有敗局。**此形式入命宮時**，其人較圓滑、有小聰明，要小心與女性的磨擦不合，仍要小心錢財問題。不過，因夫妻宮的陽梁有天梁化權，配偶強勢會管你，因此你有債務，他也會幫你還。

**此形式入財帛宮時**，表示薪水之財還有一點，因遷移宮有太陽、天梁化權，而福德宮有太陰化忌，因此環境中有長輩照顧，強勢會管你。你天生糊塗、理財能力不好，也不會存錢，因此被人管

是對你好的。

**此形式入官祿宮時**，表示在工作上能有一些薪水收入，因你的夫妻宮有太陰化忌，表示配偶在財務上或工作上會有問題，因此你會工作幫他忙，你的福德宮有太陽、天梁化權，表示你喜歡管別人、幫忙別人，自己有貴人運，也喜歡做別人的貴人。因此你會做上班族工作，薪水雖不多，但仍是重要收入。

## 『天機化權』在巳、亥宮的形式

『天機化權』在巳宮，會有祿存同宮，在前面已講過了，不再贅言。

**『天機化權』在亥宮的形式**，因對宮有居陷的太陰和祿存同宮相照，此天機化權在亥宮居平，化權力道不強，其人會一會兒愛管事、管人，一會兒又不愛管，會猶疑不決。因環境中較窮，雖有祿存，為有衣食之祿可糊口而已。天機化權也沒太大的管束力量。**在命宮時**，其人會保守、小氣，講話酸溜溜，對人對事都是一會兒想管，一會兒不想管，會惹人討厭，人緣不佳。**在財帛宮時**，對錢財、理財能力也不算好，更會無財可理、較窮。**在官祿宮時**，工作仍不穩定，會一會想管事、管人，一會兒又不想管了。做事的責任心仍不強。

## 『天機化忌、祿存、天空、地劫』在巳宮的形式

『天機化忌、祿存、天空、地劫』在巳宮同宮的形式，是戊年生又是午時生人會遇到的形式，是『祿逢沖破』的格局，會頭腦空空，原本不清楚的腦子又空茫了，故也看不出有什麼問題了。反正

都搞不清楚，化忌、祿存，都被劫空了。**此形式入命宮時**，其人每天都不知道在想什麼、做什麼？每天都頭腦空空，一片茫然，看起來笨笨蠢蠢的，有時候又一臉無辜的表情，一生不能做什麼事，會有長輩養他，生活過得不錯。**此形式入財帛宮時**，表示不會賺錢，手上也沒有錢，根本不關心錢，會有父母或長輩貴人養活他，故不愁錢財、衣食。**此形式入官祿宮時**，不會工作，頭腦也空空，會有父母或配偶養他，也會不愁衣食。

**『天機化忌、祿存』在巳宮的形式**，此形式比前者稍好，雖也是『祿逢沖破』，祿逢忌沖破，但仍會保守，有衣食之祿，只是頭腦不清，有聰明古怪或機運上的古怪變化而已。**入命宮時**，會頭腦笨、保守、小氣、自私、人緣不好，因對宮有太陰化權居廟相照，故會有父母，配偶照顧管他，一生不愁衣食，生活舒適。**此命為男**

**命時**，就會有母親和妻子管他、照顧他，也一生享福不少了。**此形式入財帛宮時**，會進財，但機會不多，且錢財有是非、麻煩，但夠衣食之需。**此形式入官祿宮時**，工作少、不順利、保守，做不長久，只能賺一點點錢，剛能糊口而已。會做笨又保守，用腦不多的工作。

## 第二節　天機雙星『機陰、機梁、機巨』的形式

### 機陰同宮的形式

機陰同宮的形式是天機、太陰在寅宮或申宮同宮的形式，此形

式在中冊時，太陰的部份已講過了，因此不再贅述。請看中冊第145頁。

## 機梁同宮的形式

天機、天梁同宮的形式，是『紫微在巳』及『紫微在亥』兩個命盤格式中會出現的形式。此形式中之天機居平、天梁居廟，表示智慧不高，機運也平平，但會有精神或長輩、貴人保佑，因此會平順。此形式會在辰宮或戌宮出現。機梁在辰宮時，辰宮是帶水的土宮，因此天機稍旺，天機不會剋天梁土，故此『機梁』之聰明度較高一些。在戌宮的機梁，因戌宮是火土宮，故天梁屬土較旺，蔭庇較重。因天梁有解厄之能力，但先必遇難而後解厄呈祥，故人生波折多。

**機梁同宮剋應事物：**

**在人的方面**——代表薪水族、公務族、好講話之人、好辯論之人，有特殊才藝的人、有宗教信仰的人、喜拜神的人、為師格的人，亦為僧道之人、軍師之人、設計師、傳道之人、好學五術之人、會照顧弱小之人、中醫師、公益人員。

**在事的方面**——代表慈善事業、教育業、說大話之事、思想之事、宗教之事、驛馬奔波之事、哲學之事、學術之事、好出主意，不一定負責之事。

**在物的方面**——代表土綠色之物品，或代表有帶土的植物，或剛種下之幼苗，代表會轉動之物，茶葉、眉毛、窗戶、陶器、機車、車輛、機器、電桿、鐵道、伐木的木頭。

**在地的方面**——代表地景是黃綠色景觀之地方，代表土地是黃色，其上有小樹林，或大樹的地方。代表古老的眼鏡店，古老的玻璃店、鐵道旁的空地，有長廊的房舍、樓宇。或是門前有狹長空地的建築物、學校、行政中心、學校大樓、圖書館、土木工廠、土木雕塑作品豎立之地方，電桿林立的山頭，有小樹、矮樹的住宅，軍事參謀總部、警察局，佈道大會之會場、大學校園。

**在建築的方面**——代表有黃綠色或橄欖綠顏色外觀的建築，代表不高、略橫寬的建築或樓層，代表人數不多的高等學府，代表有小樹或矮樹的宅院，代表木和土結構而建成之大樓建築，代表階梯不高之房子，代表外表不美麗、不精細、略舊之建築。

**在疾病的方面**——代表肝腎的問題，代表破相、頭或臉面有傷，手足傷、筋骨酸痛、肌肉弱，腦神經抽搐、顛癇症、性燥驚恐、眼睛不好、眼花齒落之狀況。脾臟不佳、糖尿病，有寄生蟲之腹內疾病，神經質、精神衰弱，憂鬱症、肝氣犯胃之疾病。

## 機梁同宮在辰、戌宮的形式

**機梁同宮入命的形式**，在辰宮入命較在戌宮入命者佳，因其人的財帛宮為『同陰』在廟旺之地，較有財福可享，而在戌宮坐命的機梁坐命者，財帛宮為同陰居平陷之位，手中可運用之錢財是較窮困無財可用的。其官祿宮同樣是空宮，有陽巨相照的形式。只要沒有化忌、劫空入官祿宮，坐命辰宮者的官祿宮也會比坐命戌宮者為略佳。

**機梁坐命的人**，都會中等身材、瘦型、愛講話、很聒噪、停不下來。如果身材胖的人，一定有病，會浮腫。此命格的因命盤上有四個空宮，再加上廉破、天相陷落等運程，就有六個宮位不好，故在十二年一輪的年份中，就有一半以上（六年）的運氣不佳了。其他的好運年份中也只有一、兩個年份是帶財的，因此會辛苦得多。

機梁坐命的人，除了壬年和癸年生的人之外，其他都有『武貪格』偏財運，由以戊年、己年、庚年生的人暴發運最強。但也因暴發運有暴起暴落的狀況，故其人生始終在大起大落之間，機梁坐命者本身是『機月同梁』格，需做上班族才會生活平順，有衣食之祿，暴發運是不切實際的，而且財富是不長久留存的。很多人都暴發了一次高興的不得了，很快的把錢搞光了，又得苦苦等待十二年才發一次，有些人可六、七年發一次，但也須熬個幾年才行。

**機梁坐命的人**，遷移宮是空宮，代表外面環境很空茫，官祿宮、田宅宮、福德宮全是空宮，所以此命格的人，在人生中有許多不確定的因素，會變，或會漏失掉。這表示說，要看你腦袋怎麼想？價值觀如何。是不是能找到正確的人生方向？人生的目標為何？這些問題有了明確的方向，你才能掌握穩舵，進入平順富足的人生境界。

**很多機梁坐命者的身宮落在財帛宮**，而財帛宮內又有化忌、劫空或羊、火、鈴等星，這表示其人很愛錢，凡事以金錢為價值觀的考量，為人較現實，但愛錢都愛不到，或愛的方法不對，會讓自己份外辛苦與痛苦。同時也會挺而走險或用邪門歪道的方法去找錢，自然是非災禍會長相左右了。這同時也表示此人命格不高，是屬於普羅大眾、小市民的命格，是沒有什麼貴氣可言的。

**機梁坐命者**，如果有『陽梁昌祿』格的貴格的人，會有高學歷，也能人生層次增高，有一番事業。像日本首相小泉即是機梁坐命的人。

大多數機梁坐命的人，會將人生重點都是放在家庭之中的，這是『機月同梁』格的人，必然的人生步調。此命格的人，父母宮是紫殺，父母很能幹又忙碌，無暇官到他，而機梁坐命者容易是家中老大，或老二，會負責照顧底下的弟妹。其兄弟宮為天相陷落，表示兄弟沒他好，是需要他照顧的。其夫妻宮為陽巨，配偶的工作還不錯，也喜歡講話，夫妻倆常鬥嘴，家中好熱鬧。有時夫妻也易吵架爭執，但算是不壞的夫妻運。夫妻宮也代表其人內心的想法，故表示其人內心是一種愛嚕嗦、又碎碎唸，又寬大為懷，嘴上唸了又不真的放在心上的狀況。因此不能把他講的話當真，否則真要衝突大了。其人的子女宮為『武貪』，表示其人的子女會好運，也具有財運佳、又很會賺錢的人。機梁坐命者會因生了好子女而給自己帶來好運和錢財。因為『武貪格』暴發格就在子女宮，所以是子女為其帶來好運及暴發運，但是機梁坐命者並不瞭解自己的子女，因為他們肯定是和他磁場不同的人。因為機梁本身不帶財，其意義是為人服務。因此機梁坐命者，無法知道會帶財來的子女會是何樣的性格。所以他也搞不清楚為何子女悶悶的、不愛講話了。

**機梁坐命者若身宮落遷移宮**，又遷移宮為空宮時，表示頭腦常空茫，喜歡往外跑，但跑到外面又突然發覺自己忘掉要跑出來是為了何事而外出的了，因此又回家，就這樣跑來跑去，一天就耗掉了，一生中能掌握的事不多。**此命格的人若身宮落在福德宮**，而此宮又是空宮，表示能享什麼福，你也不知道，會混日子過。這要看

財帛宮的同陰是否居旺、居廟來相照，你就能享一些物質享受的財福。如果是同陰居陷相照，你就會生活緊縮、窮困一些，對物質生活的享受是可望而不可及了。**此命格有若身命同宮的人**，表示注重自我，很主觀，有主見，特別覺得自己很聰明，喜歡管別人，不喜歡別人管他，愛替人出意見，但會不想負責任，會規避責任。

**機梁入財帛宮時**，表示財運是薪水族的財運，好好為人服務來工作，會有錢。你也會有長輩給錢給你用，能得貴人財。你還會賺聰明，有設計意味的工作上錢財。

**機梁入官祿宮時**，表示你必須做上班族，天天上班領月薪較好。你的『命、官』二宮就形成『機月同梁』格。故你會用聰明才智來工作賺錢。你也會做一些文職或料理事務，或是照顧幼小或長輩，或是護理及慈善的工作都很適合。你的工作也會和名聲有關。

因此做學術研究或教書、中醫、醫藥類也都很好。

## 『機梁、擎羊』同宮的形式

『機梁、擎羊』同宮的形式，是乙年或辛年生的人會遇到的。

乙年生的人，會是**『天機化祿、天梁化權、擎羊』在辰宮的形式**，這表示用一種強勢愛管、愛控制、愛插手的方式，並加入競爭的手段去做服務業的工作，或用強勢又圓滑的方法去維護名聲。

**此形式入命宮時**，主人多智謀、性格強悍，喜歡管人掌權，但會性格清高、不重錢財，因為財帛宮為天同、太陰化忌，官祿宮為空宮，夫妻宮為陽巨、陀羅，表示內心較笨、EQ不好，內心一會兒是非糾纏，一會兒寬宏，工作也是在一種競爭中不斷磨練，只要有高超的人生目標，就會生活過得好了，只怕會好高騖遠，人生就

不美麗了。

**此形式入財帛宮時**，表示會做上班族，做競爭激烈，愛掌權管錢，而且會有長輩給的一些錢可用，自己賺的不多，而且常工作會斷斷續續進財慢，但會賺一些和名聲有關的錢財，其人本命財也不算很多。

**此形式入官祿宮時**，會做清高、錢不多，重名聲，且競爭激烈的工作。工作時，你會愛掌權、管事、強力競爭。工作會中一段一段的時期有分段性的時期。這也是重理想的工作，工作的型態仍是天天固定上班的薪水族。

辛年生人，**會是在戌宮的『機梁、擎羊』的形式**，這表示是『刑運』與『刑蔭』的格局，因此機梁的聰明和仁慈會受擎羊的刑剋，而變得陰險，而成事不足、敗事有餘。**入人命宮時**，其人的夫

妻宮是『陽巨、陀羅』，表示內心多是非糾葛，另一方面又鬆懈，不用心，其人之遷移宮、官祿宮、田宅宮、福德宮全是空宮，可以說是命中財少的人，其人的財帛宮是同陰居陷，因此一生常易在窮困中渡過。也會因為窮的關係，心態陰險來找錢。故會騙人、詐欺，易不為善類。**入財帛宮時**，原本不多的薪水之資又受到刑剋，也無貴人財或長輩給的財，又容易多競爭、賺錢不易，還容易陰險用旁門左道的方法去取財，因此始終是不富裕，又自找麻煩的財運。這也完全是其人的環境複雜，環境中多是非糾纏，又是個笨環境，讓其人沒能力，對邪惡之事，又有可趁之機之故。**入官祿宮時**，表示工作上亦受到競爭和不順暢，易工作不佳，好懶惰及有陰險的想法。這是其人福德宮有『陽巨、陀羅』，天生有是非糾纏的笨想法，以致於不好好的做事，會斷斷續續的做事不長久，也容易入宗教中工作賺取生活費。

## 『機梁、陀羅』同宮的形式

『機梁、陀羅』同宮的形式，在辰宮，會是丙年和戊年生的人會遇到的。丙年生的人有『天機化權、天梁、陀羅』。戊年生的人有『天機化忌、天梁、陀羅』。在戌宮會是壬年生的人會遇到的，是『機梁、陀羅』的原形之形式。這三種不同的形式，其意義都不同，以下為解說：

## 『機梁、陀羅』在戌宮的形式

『機梁、陀羅』在戌宮的形式，是天機居平、天梁居廟、陀羅居廟。機梁本意是不太高的聰明所形成仁慈的心，加上陀羅之後，

其人會變笨，或用笨方法原地打轉，或用笨方法或固執、愚鈍的方式強力要做自以為是對別人好，照顧別人的事。**此形式入命宮時**，其人特別性子慢和笨，其福德宮有擎羊獨坐，天生有些陰險邪惡的想法，會想得很壞，但遇到惡人時又懦弱，容易相信不認識的人，而懷疑或不相信自己身旁親近的人。更容易煩惱多，想得多，愛貪小便宜而因小失大。其人的財帛宮不好，是同陰居陷，常容易財窮、貪財忘義。此人是本命財極少的人，因此在身體上也有問題，亦有脾臟、腎臟、浮腫或臉色暗黃、皮膚病等問題。工作能力也不高，會有時有工作，有時無工作，中年以後遊手好閒。

**此形式入財帛宮時**，其人夫妻宮有擎羊，表示其人內心計較、吝嗇、陰險，有的事你不做，愛挑剔、太自私，因此在賺錢方面只會做一些沒腦子、較笨的工作來賺錢，自然財少。而且陀羅也會刑天梁，成為『刑蔭』格局，陀羅又會拖著天機，使其運氣更不佳，聰明也遲鈍，故在錢財上是賺薪水族的財，但會斷斷續續有一票、沒一票的賺，在花錢方面則耗財多，而且無法得貴人財，根本無貴人會給你錢花用，你的父母及長輩很窮，父母宮是廉破。

**此形式入官祿宮時**，你的遷移宮中有擎羊，表示環境不好，很窮又有刑剋。你本命就窮，這也表示你天生智慧就較差、較笨，你還會自做聰明的有陰險的技倆，是故工作也不力，『命、官』二宮形成『機月同梁』格，為薪水族格局，但因命窮，薪水也會少，工作會斷斷續續不長久，也無法做精細或高級的工作，宜做一些不斷重複、不須花太多腦力的工作會做得長久一些，此形式更不適合投資做生意，必有敗局，損失錢財。

## 『天機化權、天梁、陀羅』在辰宮的形式

『天機化權、天梁、陀羅』在辰宮的形式，是丙年生人會遇到的。因天機化權居平，而化權不強。天梁和陀羅皆為居廟的。此形式之意義為：會有時聰明、有時笨，但笨的時候多，又喜歡表現聰明和自以為是的仁慈和好心，結果是四不像，常受騙和做笨事，性格古怪。**入命宮時**，表示其人常愛管事，管到一半又不管了，自以為會威脅別人，但別人接了過去，很快的享受成果和讚譽，又讓他恨得牙癢癢的。這種事在他一生中常發生，這主要是其命格的關係，加上福德宮有擎羊落陷獨坐的關係，同時這也是其人財的來源不佳，本命財少心窮，處事能力也不佳了。

**此形式入財帛宮時**，其人對錢財也是想管又管一半，有時又不管，理財能力不佳，對錢的觀念不好、較笨，又不會賺錢，賺錢的

方式是薪水族斷斷續續的工作，花的比賺的多，因此財運不佳，還常拖拖拉拉的領不到錢。不過花錢的速度快，用錢的方式也沒章法，易耗財，沒原則，聰明反被聰明誤，會損失錢。只有不斷持續工作上班才能糊口，你也無法得貴人財。

**此形式入官祿宮時**，工作上的聰明才智不多，也有些笨和頑固，食古不化，做事也是有時想管、想做，有時又不想管、不想做，也沒有貴人出手幫忙，或貴人總是較笨、慢半拍，幫不上忙。你也無法在工作上出人頭地，還容易在工作上拖拖拉拉，或自做聰明用工作來刁難別人，最後易失業或離職，得不償失。工作易不長久，易變動，但會一直做薪水族才能糊口，因你的遷移宮為擎羊陷落獨坐，故環境不佳，多險惡競爭與是非多，所以你也會用是非的方式來應對，但常常力不從心，而失誤，工作狀況也不太好。此形

式不可投資做生意，否則賺不到錢，也必有敗局。

## 『天機化忌、天梁、陀羅』在辰宮的形式

『天機化忌、天梁、陀羅』在辰宮的形式是戊年生人會遇到的，此形式之意義是：會因聰明、古怪，或自己雙倍的笨，想出名或想照顧別人，而在是非的漩渦中打轉，所以凡有此形式在命盤上時，其人必做一些笨事，把自己引入是非糾紛的困境之中。

**此形式入命宮時**，其人會頭腦不清、糊塗、惹是非，也會因為自己一時自做聰明的想法而捲入是非之中，得不償失。因此一生中必有一件或多件笨事，使自己大起大落而失去一切又回到原點。因此人的福德宮為擎羊居陷，會操勞不停，奔波不停，但財的源頭不好，本命財少，雖命格中也有『武貪格』偏財運格，但終將大起大

落後又一無所有。其人的遷、官、田、福等宮全為空宮的形式，因此對環境中的事也無法有智慧看得清，一輩子只能跟著運氣的起伏來走自己命運的路了。

有一位年青女軍官，即是此命格的人，退職後認識一幫朋友，是做股友社的，並跟著某名師賺錢很迅速，並在電視上和名師（股票分析師）搭擋講解，名騰一時，也賺進大把鈔票。後來因炒作股票被檢調單位追查，而避風頭到大陸一段時間。其後得知可繳付一些罰金便能了卻官司，故回來解決。這期間已將前面所賺之幾千萬花光殆盡了，可謂財來財去一場空，不過人生是經過大風大浪，又多一個經驗了。她問我，還有沒有可能再起來？再賺到以前那麼多的錢？當然還有機會賺錢囉！因為大運還不錯嘛！但要一下子要賺那麼多，是不見得的。因為她以前能一下子賺那麼多，是因為正逢

『武貪格』的大運上，有平生最大之暴發運之故。以後每逢丑、未年也會發，但沒那麼大了。而且卯、酉年就鐵定會暴落，這是運氣的節奏，必須好好掌握才行。

**此形式入財帛宮時**，賺錢的聰明與運氣皆不好，也無長輩貴人給錢生財。你的金錢觀念是頭腦不清又自做聰明的方式，其實也只是一個笨方式，故不會理財，財進不來，又花錢的方式又笨又耗財，故你會小氣、吝嗇，該花的時候不花，不該花的時候又耗財。也會該賺的時候不賺，該賺薪水的錢財才穩當，但你會自做聰明去投資而損失很大，這是你的夫妻宮有擎羊陷落，內心自私、小氣、計較，因此易上當或得不償失，手邊常沒錢、較窮，也無貴人財好賺。賺錢的事你會不做。亦會工作不長久，斷斷續續，顧著糊口而已。

**此形式入官祿宮時**，表示聰明度有問題，腦子打結了，或腦子中有是非糾纏，專想一些笨事，故而正常的薪水工作你做不久或不做，想要做生意或遊手好閒，或常想另起爐灶，事業常不成功，一生容易成為無用之人。

## 『機梁、火星』或『機梁、鈴星』同宮的形式

### 『機梁、火星』或『機梁、鈴星』同的形式

，分為在辰宮或在戌宮各兩種不同的形式。**在辰宮時**，因火、鈴居陷的關係，火、鈴會刑剋天梁蔭星，也會使天機居平的小聰明變古怪，運氣也會變成突發的一點運氣。在辰宮時，火、鈴會驅使機梁的聰明和仁慈變向邪惡的、衝動的方面，故會性子急、暴躁、衝動，常往壞處想，會愛時髦、追流行，但較好吃、懶惰，成事不足，敗事有餘。**在戌宮**

**時**，因火、鈴居廟，其人會有古怪聰明，脾氣仍急躁、衝動，脾氣不好，快發快過，但有突發運氣，和突然有的機智聰明，對其人來說是較好的，因為速度快、行動力強，也會較操勞，但貴人對你的照顧也會是偶發性的照顧，不多。

**在命宮時**，其人會染頭髮為黃、紅色，或其他古怪顏色，好時髦，易追流行，其人速度快、脾氣壞、性急暴躁，脾氣古怪，賺錢少，花錢多，本命財少，身體易不好，也容易有突發病症，或生腫瘤，要小心。一生容易起落分明。

**此形式入財帛宮時**，是賺薪水之資，但會一會兒有一筆，一會兒又沒工作，工作易中斷、不長久。故薪水的錢財會有一票、沒一票的進帳。你也會偶而得長輩或貴人之財。

**此形式入官祿宮時**，是做薪水族的工作，但賺錢不多，你也會有一票沒一票的在工作，你的工作會是貴人偶然介紹的。你在工作上很急躁、快速，做事馬虎不精細。貴人也常在幫你介紹工作，但你都做不久，也會聰明無用。

## 『機梁、天空』、『機梁、地劫』同宮的形式

當『機梁、天空』在辰宮時，午宮定有地劫獨坐。當『機梁、地劫』在戌宮時，子宮必有天空獨坐。

當『機梁、地劫』在辰宮時，午宮定有天空獨坐。當『機梁、天空』在戌宮時，子宮必有地劫獨坐。

**這表示當『機梁、天空』在命宮時**，其福德宮為地劫，有同陰相照的形式，這表示頭腦空空，福氣也被劫走了，這亦表示本命財少，容易清高、不實際，而向佛道或宗教中發展，其人在工作能力

上也不強，一生也不計較的過日子，既無大志，隨遇而安。生命中易無貴人和長輩運。

**「機梁、地劫」在命宮時**，其福德宮會有天空獨坐，有同陰相照。這表示其人頭腦常因外來劫入的聰明，有意外的遐想，而使本身享不到福，而命窮。其人也會朝宗教及佛道方面發展，會因這方面較好賺，又不須多花體力可偷懶、又有得吃、不必多勞動，來享福。但是否真能享到福，是見仁見智了。此命格的人，生命中缺乏貴人，或自己看不到貴人。

**當「機梁、天空」在財帛宮時**，其人夫妻宮為地劫獨坐，表示其人內心有怪想法，有邪念，或怪的價值觀，故在錢財方面沒有一直賺薪水之財。其人事實上手上常空空，內心懶，不想多做事賺錢，或只想安穩的呆在原有職位上，而不想上進或變動，故賺錢

少，亦要小心失業，或遭辭退，而失去糊口之資，無法得貴人或長輩的錢財。

**此形式在官祿宮時**，其人的遷移宮裡有地劫獨坐。表示此人外界環境常遭突然的劫入而空空如野。周圍有許多劫財之人，原先你本命還有財，但你思想不實際、太天真，或太愛享福，所以周圍環境常茫茫然，空無一人。你也抓不到、也享受不到環境中的財，十分可惜。因此你在工作上不會有太好的表現，最好做四大皆空的工作，或在宗教中、寺廟中工作，會做得久，否則易常失業，或業務少而孤獨。沒有貴人介紹工作給你。

**當『機梁、地劫』在財帛宮時**，你的夫妻宮為天空獨坐，表示內心很空洞、腦子空空，故在錢財上的薪水之資常被劫財劫走。你不一定工作，常不工作，所以也會常沒錢，生活不富裕，也易耗財多。你本身沒有理財觀念，也沒有數字、數學觀念。因此最好別做會計或錢財有關之工作。做一般的上班族，對你來說較輕鬆，仍能糊口，有衣食之祿。也不會有貴人和長輩給你錢。

**此形式在官祿宮時**，其人的遷移宮中有天空獨坐。表示其人的環境常空茫或空空如野，因此其人根本看不到自己環境中有何財祿之事可供打拚去取的。也因此會聰明不實際，或道聽塗說，聽別人怎麼說就怎麼做。也要小心在工作上受到意外劫入的聰明和奇怪的好心，使原本的工作會做做停停，此形式亦是劫運、劫蔭形式，故無貴人介紹工作給你。

## 『天機化科、天梁』同宮的形式

**『天機化科、天梁』同宮的形式，是丁年生人會遇到的**，這表

示很有方法的用一些小聰明和找一些小運氣來表現聰明和仁慈。也會很有方法的做薪水族來賺衣食之祿，雖然錢財不多，但能糊口。

**此形式入命宮時**，表示其人外表斯文、穩重、略有氣質，因為財帛宮有天同化祿、太陰化權，又會有祿存在財、福二宮出現，而夫妻宮有太陽、巨門化忌，故其人是性格保守，內心有很多是非糾纏，但仍對錢財敏感，也有福氣來享受小小的財福。命坐辰宮的人，會比在戌宮的人享受好，財稍多，其人也會特別老實。

**此形式入財帛宮時**，其錢財方面是有方法展現聰明，及增加一點點賺錢機運的，但仍是做薪水族不多的財。你能自己賺衣食之祿，並有長輩給你錢用，生活還不錯。你更很會變化方法來弄錢，使自己有錢花。

**此形式入官祿宮時**，表示工作上有人介紹有薪水的工作給你，你也會用一般的聰明和能幹來工作。你能很有方法的照顧人，及用小聰明來應變，更能在文書工作方面得心應手，更能掌握剩下不多的運氣使自己來否極泰來。因為你的本命宮就有天同化權、太陰化祿，故只要做小小的工作，就能使你享到大福。即使工作再困難，你也天生有才福，能化險為夷，一直享福。

## 機巨同宮的形式

天機、巨門同宮的形式，是『紫微在辰』及『紫微在戌』兩個命盤格式中會出現的形式。此形式也只會出現於卯宮或酉宮。書云：『卯上機巨為貴格』。而機巨在卯、酉宮為『破盪格』，會白手起家，必先破而後成。機巨在卯宮又易武職崢嶸。老總統蔣介石即為

機巨在卯宮坐命的人，亦為以武職起家的人。

機巨同宮，無論在卯宮或在酉宮皆是天機居旺，巨門居廟，但其實真正的旺度有別。天機五行屬木，巨門五行屬水。在卯宮（木宮）時，天機較旺，故較聰明、靈巧、有機智，也易有利學習，會察言觀色，名小說家張愛玲也是機巨在卯宮坐命的人，機巨在卯宮較會有成就。此外王永慶和李遠哲皆是左輔坐命酉宮，但對宮有卯宮的機巨相照。章孝嚴是文曲坐命酉宮（空宮坐命），對宮卯宮有機巨相照的人。

機巨在酉宮時，酉宮是五行屬金的宮位。天機受剋，巨門為金生水較旺，因此口才好、是非多，但聰明度略遜。因此機巨在酉宮坐命的人較少有出人頭地者。也多為是非或桃花羈絆，未有大發展。

**機巨坐命的人**，天生性格固執、口才好、好辯，容易有口舌是非。坐命卯宮的人身材較高大，坐命酉宮者，身材略矮及瘦。其人之夫妻宮為日月（太陽、太陰），因此心情容易起伏不定、情緒變變，對人忽冷忽熱，又因為太聰明及過於敏感，故感情問題複雜，對人又喜歡研究，在感情方面必有傷心戀史，感情上也多是非波折，易晚婚，婚後夫妻間更有是非、爭執也會不斷。

機巨坐命的人，天生愛爭鬥。此命格的人，又容易形成『陽梁昌祿』格，則易在學術界、教育界發展，是故機巨又代表高知識水準與高科技。

機巨坐命的人，財帛宮是天同，官祿宮是空宮，有日月相照，故本命是『機月同梁』格，要做公務員或薪水族，固定上班的工作方式，人生才會平順，錢財也會安穩沒煩惱。

機巨坐命者出生的家庭中，多半原本家世不錯，後經過衰敗變化，因此會在此節骨眼出生機巨坐命的人，再外出奮鬥、白手起家，振興家業，其人的子女宮為武府，表示其人的子女更能創造財富，因此機巨坐命的人是富過三代之後敗落的第二代，較為不幸。不過，日後能過好日子。

## 機巨同宮剋應事物：

**在人的方面**——聰明好辯的人、高大的人、口才好的人、在高科技公司工作的人、學歷高的人、研究高科技、高學術資歷的人、腦袋聰明會轉彎的人、高學歷的公務員、高職位的上班族、軍事將領、善於爭鬥的人、有智慧作戰打仗的人、口舌是非多的人、在學術上爭辯不停的人、口才尖銳不饒人的人、聰明會搞怪的人、

肝腎專科醫師、大學教授、講師。

**在物的方面**——流動的貨車、五穀類植物、聰明的鬼魂、聰明神的神壇（例如文昌帝君之神壇）、木門或木窗、木蓋子、棺材、眼鏡框、鏡框、相框、畫框、過濾器、森林中的火車。

**在事的方面**——聰明爭鬥之事、聰明好辯之事、高科技之事、高學歷、高文化水準之事、學術爭辯之事、大學教授講課之事、醫學研究之事、科技戰爭之事、高等武器研究之事。

**在地的方面**——河邊的小樹林、有高樹的河流旁、森林中的火車道、上有樹叢的暗溝、門前有高大樹木的陰廟、墳上有樹木的墳墓、黑暗高大的樹林、穿過樹林的河流地域。

**在建築的方面**——代表黑綠、墨綠色建築、代表外表高大、有橫波紋高聳直立獨棟的大樓建築、代表有深綠色玻璃、具有現代化建材的大樓建築、代表高大的陰廟建築、代表有牌坊的舊建築，或有牌坊的墳墓、陰宅，或種有高大樹木又在河流邊、湖邊的豪宅，或具有高科技設備之建築。

**在疾病的方面**——代表脾胃之毛病，代表肝膽及水道系統之毛病，代表腸胃之毛病，也要小心腎臟纖維化，小心感冒、氣喘、暗病、濕熱，皮膚病，眼目之疾，氣管炎、精神衰弱症、筋骨酸痛、神經系統不良等。

**機巨入兄弟宮**：代表兄弟二人（自然數），兄弟間口舌是非、爭執多，但仍能互助，其兄弟非常聰明，是能具有高知識水準，或能做高科技工作的人。

**機巨入夫妻宮**：表示配偶非常聰明、口才好，配偶也能具有

較多的生活經驗與知識，會讓你很服氣，但夫妻間喜鬥嘴，爭執不斷，同時也表示在你的內心中也是非常重視聰明程度的，你的內心會挑剔某些笨事而唸唸不忘。

**機巨入子女宮**：表示子女有二人，會聰明口才好，也能具有高知識水準，但子女間口舌是非多，不太和睦。你也容易捲入這些口舌是非之中。

**機巨入財帛宮**：表示賺的是薪水之資，也容易做高科技或須高知識水準的工作來賺錢。但錢財並不會太富裕，財運會起伏多端，但仍能領到薪水，同時也表示你亦可能用口才來賺錢，如教書或銷售專業知識，或做專業研究來賺錢，或是操作金融基金等。

**機巨入疾厄宮**：小心筋骨酸痛、神經系統不良症，以及膀胱、肝臟、腎臟等問題，消化系統、感冒等病症。

**機巨入遷移宮**：代表環境中多是非、爭執、競爭、鬥爭，而且環境是一個非常聰明、挑釁的，具有高知識或專業水準的環境，你自然會為了應付此環境而練就了一身好功夫，例如口才、辯才特佳，具有高學歷、善辯、善鬥，不畏懼爭戰，愈戰愈勇等專門才能。

**機巨入僕役宮**：表示朋友都是具有高知識水準，非常聰明，口才好的人，但朋友之間也是非口舌多，但不聰明的人，你也不喜和他來往。

**機巨入官祿宮**：表示工作型態就是要具有高知識水準，或具有高科技背景，或極具聰明才智才能勝任的。但工作上是非變化大、爭鬥多，也讓你覺得興趣盎然。

**機巨入田宅宮**：表示房地產在失去一次之後會愈來愈多。田

宅宮是財庫，故你的財庫常有變化，錢財數值升降快速，但最終還能存很多錢，更表示你家中的人，都是聰明、是非多的人，口舌是非不斷，須要你打理。

**機巨入福德宮**：表示天生智商高，內心多構想，有勵於學習及得到高知識，但天性多疑，而精神不能放鬆，會較辛苦，也要小心是非口舌與好爭鬥的個性會讓自己辛勞。

**機巨入父母宮**：表示父母是具有高知識水準的人，天生聰明，對你管教嚴，因此親子關係不和睦，你會躲避父母，少見他們，以免被唸。

## 『機巨、擎羊』同宮的形式

『機巨、擎羊』同宮的形式，擎羊是居陷的，因此會懦弱及陰險。擎羊是刑星，會刑剋天機的聰明，也會使巨門的隔角煞更凶惡。故而會失去高知識水準，變得不愛學習了，也不會在高科技的領域中發展了。

**此形式入命宮時**，其人的人緣不好，說話尖酸刻薄，會惹人討厭。同時也不愛學習，也會沒有高學歷。其人的個子會變矮小，或臉上有麻子坑洞、不平滑，為人也較自私陰險，為小利而奔波。其人也會身體不好，或常受傷、車禍血光不斷，而人生命運不太好。在卯宮時，為甲年生的人，其人夫妻宮會有『太陽化忌、太陰、陀羅』表示其人內心古怪，有問題、又笨，對事業怠惰，因此人生命運不濟。在酉宮，是庚年生的人，其夫妻宮有『太陽化祿、太陰化忌、陀羅』，表示會因內心笨和心窮、不實際、沒人緣，而讓人生命運不濟。

**此形式入財帛宮時**，表示錢財易不順，多爭鬥、競爭和是非糾紛多，而且口才也不好，賺不到什麼錢。常又耗損錢多，此為本命財少之故。

**此形式入官祿宮時**，表示工作上多是非糾紛、麻煩，而且聰明才智也不佳，又多陰險的小聰明、奮發力也不好，會天生較笨，而工作不穩定，會常失業。中年以後會遊手好閒。

## 『機巨、祿存』同宮的形式

**『機巨、祿存』同宮的形式**，是乙年生的人和辛年生的人所會遇到的。

乙年生的人，會在卯宮有『天機化祿、巨門、祿存』同宮的形式。辛年生的人，會在酉宮有『天機、巨門化祿、祿存』同宮的形式。

**『天機化祿、巨門、祿存』在卯宮同宮的形式**，雖是『雙祿』形式，但祿存會限制了天機化祿的聰明和財祿，天機化祿本來財就不多，是為人服務的財，只是聰明多一點和人緣好一點，使其人有機會去找薪水型的工作而已。祿存就限制了其聰明和人緣，故仍會保守，只做固定的薪水工作，也只領固定的一點死薪水而已。祿存也限制了巨門的口才和是非爭端與競爭能力。**故此形式入命宮時**，其人會保守、固執、小氣、吝嗇，人緣也不會太好，但也不差，不會主動的去和人打招呼，凡事自顧自的，重視個人利益，會有穩定的工作和收入，但事業型態會起伏多端，沒有成就，因官祿宮為空宮，相照的夫妻宮中是『太陽陷落、太陰化忌』之故。

**此形式入財帛宮時**，因你的遷移宮中是『太陽陷落、太陰化

忌』，故你的環境不佳，工作能力不強，又會在一個有財務問題的環境中工作，故而你的薪水之資，及可用的錢財會既少、又多是非麻煩，只會能糊口而已。

**此形式入官祿宮時**，你的福德宮有『太陽陷落、太陰化忌』，表示你天生命中財少，事業運不佳，故工作上做薪水族，賺少少的錢，賺有點麻煩，但能糊口的錢，你也甘之若飴。

**『天機、巨門化祿、祿存』在酉宮同宮的形式**，雖也是『雙祿』形式，但祿存會限制了天機的活動力及發展和巨門化祿的口才之祿及吃飯之祿。**此形式入命宮時**，其人會只有普通聰明及外型保守、口才好，會說好聽的話，不太容易和人吵架了，也會用口才去教書，或賺錢。因為家世不好，從小自己必須努力找飯吃，因此會找到自己生存的方式。此命格好吃食、重視吃，也會利用是非口舌的變化來達成自己的目標和利益。工作型態仍是保守的上班族，仍是保守、自私、自顧自的生活方式。

**此形式入財帛宮時**，因你的遷移宮有『太陽化權、太陰陷落』，故你是在一種事業運很強、薪水不多、較窮的環境中賺錢。賺的是用保守的口才之祿，故你易做老師或推銷員，或名義好聽但賺錢不多的工作來糊口。

**此形式入官祿宮時**，因你的福德宮有『太陽化權、太陰陷落』，故你天生是主貴不主財的人，會做保守的薪水族工作，會名聲響亮，但只夠糊口之資，你也甘之若飴。

## 『機巨、火星』或『機巨、鈴星』同宮的形式

**『機巨、火星』或『機巨、鈴星』同的形式**，無論在卯宮或在

《下冊》

酉宮，天機皆居旺，巨門皆居旺，但火、鈴在卯宮居平，在酉宮居得地之位的旺位。因此火、鈴對機巨的影響在酉宮較強。這表示原本的聰明和高知識水準出現了更古怪的現象，也可能偏向古怪的，不是正途的聰明和學習道路上去，也可能聰明太過而不實際。此形式中會追求時髦或流行而不走正途，最後亦可能形成聰明而無用的結果。

**此形式入命宮時**，其人超聰明，但性格言行古怪，會追流行、頭髮喜染色，易奇裝異服，也會喜鑽研特殊冷門的學問，其人也容易不經正常的學校學習管道，學習自己想學的東西，因此也容易聰明反被聰明誤，不喜正常的教育方式上學，易東學西學。此人性格衝動，好的是活動力強、行動力強，壞的是三分鐘熱度，半途而廢，做事沒定性，做不長久。因此火、鈴是對機巨造成刑剋的。

**此形式入財帛宮時**，表示錢財方面是薪水族形式的錢財，財不多，但仍有起伏，有時是偶而有一點進帳，有一搭沒一搭的，像星星之火。你在賺錢上也時有爭鬥、不平靜，因此進財不順利。你也會因為太心急、脾氣暴躁而賺錢少，但花錢卻很快。

**此形式入官祿宮時**，工作仍是薪水族的形式，亦可能在高科技，或高知識水準的領域中工作，但工作不長久，會偶而有一段一段的時間，工作中也多是非爭鬥，你常鬥不過而辭職。你也會脾氣不好，太急躁而工作無法完成，功虧一潰。

## 『機巨、天空』、『機巨、地劫』同宮的形式

當『機巨、天空』在卯宮時，未宮有地劫獨坐。當『機巨、地劫』在卯宮時，未宮有天空獨坐。

當『機巨、天空』在酉宮時，丑宮有地劫獨坐。當『機巨、地劫』在酉宮時，丑宮有天空獨坐。

這表示當聰明、智慧、口才、是非，以及高知識水準、高科技水準提升到一個很高很高的超標準升空境界時，則有許多事物、名利、現實的需要，都會被劫走而不存了，都沒好處可言了。

**當『機巨、天空』形式入命宮時**，其官祿宮有地劫，表示其人有超高的聰明、智慧，不切實際、不愛錢財，也不會運用自己的優點，只會想一些空茫的聰明事物，也不會運用口才，因此工作常無著落，或斷斷續續做不長。其人會不重名利，較能安於平淡，但一生成就不高，易入佛道或宗教。

**此形式入財帛宮時**，表示本命宮有地劫獨坐，對宮有日月相照，其人有古怪聰明，易入佛道或宗教中棲身，會賺自以為聰明、

不太用力氣又少少的錢財。而且常有一票沒一票的進帳。

**此形式入官祿宮時**，你是天同坐命巳、亥宮的人，你的財帛宮為地劫，表示你不重錢財，聰明但不實際，因此易入宗教或佛道中棲身，錢財、事業皆不理想。你也可能工作很有理想，斷斷續續做薪水族，但手中常沒錢，入不敷出，糊口也很辛苦。

**當『機巨、地劫』入命宮時**，官祿宮有天空，表示其人有古怪聰明，易有古怪想法或道聽塗說，就變換工作，或不工作了・因此工作斷斷續續，中年以後易不工作。也會沒有正常職業，易入宗教中棲身。

**此形式入財帛宮時**，表示命宮有天空，有日月相照，故本命腦袋空空、頭腦不實際，不重錢財，在手中的錢財也會是斷斷續續不持久的薪水之財。亦容易無是非、熱鬥就無財。

**此形式入官祿宮時**，表示財帛宮有天空，因此你手中常無錢，你是做清高理想工作的人，工作也是一般的工作狀況，領一筆筆的薪水，故工作不穩定，錢也很少，入不敷出，但你也不煩惱。

## 『天機化科、巨門化忌』同宮的形式

『天機化科、巨門化忌』同宮的形式，是丁年生人會遇到的，此形式是很有方法要聰明，但是非口舌、爭鬥嚴重，同時也是頭腦不清、不知輕重、聰明而無用的人。**此形式入命宮時**，其人會臉上多斑點多痣，臉上不清爽，口型歪邪、好說是非、臉上有模糊茫然的表情。其人不時的易露聰明之色，但聰明又夾雜著是非口舌，常令人厭惡。因其財帛宮有天同化權居廟，夫妻宮有太陽、太陰化祿，故有妻財或父母給錢（母親給最多）來養活，一生是非多，成就不太好。

**此形式在財帛宮時**，錢財上有是非、變化多端，還好官祿宮有天同化權，會有固定的工作可糊口，不可做生意和做財務工作，會賠錢。

**此形式在官祿宮時**，事業不平順，易出事，有官非，或斷斷續續，或中途遭撤職查辦。其人頭腦不清，易捲入爭鬥與糾紛之中，而且是其人自己製造的是非災禍，又陷自己於不利之中。

## 『天機化忌、巨門』同宮的形式

『天機化忌、巨門』同宮的形式，是丁年生人會遇到的，這表示聰明古怪，頭腦不清、口舌是非嚴重。**入命宮時**，其人面貌不明顯，不易讓人記得，頭腦不清，常招是非，惹人抱怨，因夫妻宮有

太陽、太陰化權，故男子懦弱有妻掌權管事，女命由家中姐妹或母親管她很凶。其人較愛錢，愛工作。會有固定的工作收入可生活。

**入財帛宮時**，表示理財能力不佳，常因古怪聰明會損失，錢財不順，但又天生愛管錢，你的遷移宮中有太陰化權，因此愈管愈沒錢。**入官祿宮時**，工作不順，頭腦糊塗，且容易有官非、撤職之事。

# 第十三章　天機在『命、財、官』、『夫、遷、福』對人之影響

## 第一節　天機在『命、財、官』對人之影響

### 天機在『命、財、官』對人之影響

天機在『命、財、官』（命宮、財帛宮、官祿宮）一組的三合宮位中出現的時候，就代表你是『機月同梁』格的人，你必須做上班族（薪水族）為第一人生考量，你的本命中之財不多，是要靠別人

給的財，是長輩給的財，而能生活，故在你的八字中，多半是蔭星較旺的格局。在紫微命局中也是父母宮最好的命局。通常在八字格局中，蔭星較旺，是用財星來做用神的，故也是用財星來補足你命格中的不足，因此可證明你們的命局都是八字財少的命局。

天機在『命、財、官』等宮時，你們人生的架構是在家庭中的關係的，雖然你們在家中是非多，只有父母較疼愛，並不受兄弟姐妹的歡迎，和兄弟姐妹爭執多、吵吵鬧鬧，但成年後的家庭才是你們生活打拚的主力。配偶、子女、朋友才是你們生活的全部，這和『殺、破、狼』格局的人，完全以打拚事業，和人生命運起伏來搏鬥，是完全不同的命運架構，因此你們要認清自己的人生方向。再者，重視家庭關係，就是注重自己感情方面的發展，必會重情不重理，如果有些人太愛錢，而不重情，便會一生辛苦，追錢而追不到了。

我們看**『機月同梁』格的本意就是**：天機是聰明和動感，月是太陰是感情，和一點財，天同是享福的福氣，天梁是蔭星，是得到照顧或照顧別人，及有名聲。當天機在『命、財、官』時，以上這個架構就深深框住天機、太陰、天同、天梁這四種命格的人了。因此這四種人天生就是來這個世界上，來表現聰明、來動一下、來談情說愛，順便賺一點小錢，來享福，來被照顧，偶而也照顧一下別人的。這就是你們的人生目的了。所以你們的人生目的是和『殺、破、狼』命格或『紫、廉、武』命格的人是完全不同的。

**當天機在『命、財、官』時**，你們多半有點遊戲人間的味道，你們用你們的聰明、感情來博取引發長輩的愛意，又在同輩中穿梭愛現自己的被寵，真讓同輩兄弟嫉妒又羨慕這種被寵、受寵的好命關

係。當我們在研究一些早夭的，又讓父母心疼、悲傷的難以自拔的幼兒命格時，我們會赫然發現，這多半是天機坐命的小孩，因為命中財少，所以容易驟逝，但在短短的生命歷程中，已啃食了父母的心靈，使父母永難忘懷這個不長命的子女。

**當天機在『命、財、官』時**，事實上，你會享福多一點，打拚沒那麼多的（不夠正常標準），你會用自己的聰明來想盡辦法得到別人的照顧，而在正業上少做一點，同時你也容易一邊做一邊玩，玩樂和工作或讀書的正事同樣重要，甚至某些人還覺得玩樂較重要，百分比應超過工作或讀書的正事的。所以你們在工作時，也會選擇好玩的工作，或能一邊玩一邊做的工作。例如做設計工作，或是記者類型跑東跑西的工作。你們在工作或讀書上的出發點多半以好玩為出發點，因此家中有天機坐命的小孩時，要多引發他的好奇心、好

玩心，讓他知道讀的書中有多好玩，他就會唸書了。否則他會既聰明又會偷懶不愛唸書。將來要選擇工作時，也要找一些變化多，天天有新奇事物發生的有趣工作才會吸引他留在工作崗位上。

## 第二節 天機在『夫、遷、福』對人之影響

### 天機在『夫、遷、福』對人之影響

天機在『夫、遷、福』（夫妻宮、遷移宮、福德宮）一組的三合宮位中出現的時候，還是代表你是『機月同梁』格的人。你還是要第一優先考量做薪水族較好，這時你的命、財、官、遷等宮位會有太陽、巨門進入。這表示你的人生中就是一會兒感情用事，是非扯

不清，一會兒又寬宏大量，放棄計較了。你是個情緒起伏不定、思緒比行動快十倍的人，腦子動的快，但也容易成為理想家、幻想家，而沒有實際執行，因此人生成果不算太好。

**當天機在夫妻宮時**，內心情緒變化快、自以為聰明，也要找最聰明的人來匹配自己，不但要求自己所愛的人要聰明，配偶要聰明，朋友也要聰明，否則便無興趣和他來往。就因為有此想法，故心態會有些自大，會太誇張了自己的聰明，以致於被人有機可趁，而受騙是常有的事，這些人往往自認非常聰明，別人瞞不過他的眼睛，也不敢騙他而受騙。夫妻宮為天機，又有『雙祿』格局時（有天機化祿、祿存同宮），其人內心的財少的可憐，而且是必須賺一點點薪水就滿足的心態，其配偶也是吝嗇財少的人，但會工作，賺自己能糊口的工資。因此並不像字面上有兩個財星那麼多錢。很多人看到有『雙祿』在夫妻宮時，都以為配偶會有錢拿來給他。如果你這麼想，就大錯特錯了，因為結婚後你會發現，你自己吝嗇，配偶更吝嗇，你們會各賺各的，各花各的，夫妻倆會為家用斤斤計較，天天在吵錢的事。你也花用不到妻財或夫財了。

**當天機在遷移宮時**，表示外在環境會變化多端，你也會東跑西跑，在一個地方待不安穩，你喜歡出國或多變換環境，這樣你才覺得透口氣，否則容易壓抑或心悶。

**當天機在遷移宮時**，你人生的變化起伏是很大的，有時富，有時貧，有時貴，有時低，有時熱門，有時冷清，有時爭執是非多，有時安樂享樂多。有時快樂，有時煩惱悲傷。所以你容易在兩極的狀況環境下穿梭，在心靈與現實環境中穿梭，所以你是個最好的生活體驗者，你一生的經驗可寫數十本小說，或寫上百首詩了。

**當天機在福德宮時**，天機的旺度表示其人的聰明度，和與口舌是非的糾纏度。當天機居旺時，聰明度高，會利用口舌是非的方式來擺平事情，或增加自己的利益。當天機居陷時，聰明度不高，只是小聰明，亦會是非口舌糾纏更凶，所以你會完全被是非口舌所控制你的人生，因此錢財、事業，日常生活中都籠罩在是非口舌之下，你會想享福而享不到福。

# 第十四章　天機在『父、子、僕』、『兄、疾、田』對人之影響

## 第一節　天機在『父、子、僕』對人的影響

天機在『父、子、僕』（父母宮、子女宮、僕役宮）對人的影響，其實是一種『傳承』之影響，表面上看似不影響其人打拚奮鬥的人生格局，其實還是會有間接的影響，而且會造成人命格高低的問題。

**當天機在『父、子、僕』等宮時**，表示你是『殺、破、狼』坐命，或是『府、相』坐命的人，你的命宮中有七殺、破軍、貪狼或天府、天相。**天機在父母宮**，表示父母的聰明度，但父母不算有錢，只是一般薪水族或公務員，父母和你的是非多，父母會有時和你像平輩一樣交談，有時又很凶，父母的情緒不穩定，對你忽冷忽熱，讓你看盡臉色，你與父母的關係時常變化。父母沒什麼東西會傳承給你，只有聰明會遺傳給你。其實你也不在乎父母能給你什麼，只要父母不發脾氣就好了。

**天機在子女宮時**，表示子女有些聰明度，但子女間是非多，子女並不會你帶財來，子女此生來你身邊，只是給你提個醒，讓你知道人生是變化多端的，也是起落分明的。如果子女宮是天機落陷時，表示你的小孩大多是在你的人生低潮時生的，因為你那時較有空在家，雖然心煩，但仍是生了小孩，因此日後你會為子女多操煩。如果你的子女宮是『機巨』，表示你的子孩是在你運氣變化時生的，你那時正逢人生中的大變化，也許是工作上的競爭，也許是家庭中的紛爭，但小孩生下後，你贏得勝利，人生向前邁進一大步，有了好的發展，因此會有雙喜臨門的事。

**當天機在僕役宮時**，你會看朋友或部屬的聰明度在交朋友或用人。例如僕役宮是天機居廟，你就喜歡交聰明伶俐、好動的朋友，或用聰明智商高的屬下，笨的人會讓你發瘋抓狂，不能忍受。而僕役宮是天機落陷的人，表示你會結交有小聰明的朋友，或覺得朋友笨，屬下笨。這是因為你的這些朋友和屬下的能力和成就沒你好，反而要來靠你幫助，所以你這樣覺得。愈是這樣想時，就愈招來這些不算聰明的人，因此你就愈來煩惱愈多。有時你是不想和他們來往的。

**當天機在僕役宮時**，都表示朋友和部屬是非多，相互不和，而且朋友們情緒不穩定，忽冷忽熱，你會有時和他們保持距離，有時又跳入是非圈中混戰一下又跳出來，你會以玩耍的心態來看待朋友間的是非爭執。

## 第二節　天機在『兄、疾、田』對人的影響

天機在『兄、疾、田』對人的影響，主要是天機對人生中儲備資源上之影響。

**天機在兄弟宮時**，兄弟在八字中的解釋是『比肩』、『劫財』。兄弟是代表與我們同輩，等級一般高的人，是平起平坐的人，稱之『比肩』。兄弟有通財之義，也只有兄弟感情好，會借到你的錢，或和你一起享受父母給的財，故為『劫財』。所以在命理上，兄弟為跟你平分、分享家庭資源的人。兄弟少，你享受父母給你的資源就多了。兄弟多，你享受父母給你的資源就少了。兄弟感情好，兄弟宮好，相互有助益，你的資源就多了，兄弟宮不好，對你沒助力，你享受的資源就少了，而且兄弟會分去你應得資源的一大半，會使你一生都很辛苦。

**有天機在兄弟宮時**，都是和兄弟有是非爭執。天機居廟時，你的兄弟較聰明，而你是笨的那一個，你要負擔較多的家庭事務，你的兄弟也會錢財不多，只是普通的薪水族，過平常的生活，兄弟感情時好時壞，運氣也時好時壞，兄弟間未必能相互依靠。天機居陷

時，代表兄弟笨，品行和運氣、能力和工作都很差，你也和兄弟往來少，你會瞧不起他們。

**天機在疾厄宮時**，代表健康問題會上、下起伏，要小心肝腎毛病，過敏症以及筋骨酸痛。天機五行屬木，代表肝的問題，以及神經系統不良，健康問題會是你人生變化的重要關鍵，健康好，你就精力十足，能打拚、奮鬥、有成功的人生。健康不佳，則人生是黑白的，不多彩多姿了。

天機在疾厄宮亦代表生命資源多變化。天機居廟時，生命資源在標準值上下，天機居陷時，生命資源在警戒線上下，所以你要隨時評估健康問題，就知道自己的生命資源是否充沛了。

**天機在田宅宮時**，人生中都會至少有一次財庫不保，或房地產不保，會賣掉再添置，天機是動星，不適合在須要安穩保障的田宅

宮。田宅宮亦代表財庫，更不須要天機，才能留存錢財。天機亦代表是非，有房地產或存錢，更不須要是非，否則不利。

**當天機在田宅宮時**，家中房子易不保，居廟時，易重置再買可留得住。居陷時，財庫不豐，錢留不住，房地產也留不住。居旺時，家人都是聰明、智商高的人，但有是非爭執。居陷時，家人都是有小聰明的人，是非更多，煩不甚煩！

女命，田宅宮為女性的子宮，當天機居廟時，要小心子宮易出血，有纖維化的傾向。居陷時，子宮經血少，要小心更年期提前到來。有羊、陀、火、鈴、化忌同宮時，要小心子宮易長肌瘤，或有其他子宮病變。有劫空同宮時，子宮易流產，或不易受孕，精子不易著床。

此書為法雲居士重要著作之一，主要論述紫微斗數中的科學觀點，在大宇宙中，天文科學中的星和紫微斗數中的星曜實則只是中西名稱不一樣，全數皆為真實存在的事實。

在紫微命理中的星曜，各自代表不同的意義，在不同的宮位也有不同的意義，旺弱不同也有不同的意義。在此書中讀者可從法雲居士清晰的規劃與解釋中對每一顆紫微斗數中的星曜有清楚確切的瞭解，因此而能對命理有更深一層的認識和判斷。

此書為法雲居士教授紫微斗數之講義資料，更可為誓願學習紫微命理者之最佳教科書。

# 第十五章　巨門的特質與格局

## 第一節　巨門的特質

巨門星，五行屬癸水，是陰水，為北斗第二星。為陰精之星（陰界的精靈）。化氣為『暗』。又名『隔角煞』。在數主是非暗昧。

巨門在人的命宮或身宮時，主其人一生多招來是非口舌及六親不合。

## 巨門入命宮

巨門入命宮，其人多半是長方型或方型臉。巨門居廟時，臉會較長，人也會身材高大，巨門居陷時，人會矮小瘦弱．其人年青時臉色為青青黃黃的或青白色，老年為青黑色。其人的個性易多疑，好說謊，做事反覆無常，性格善變，與朋友交往，是初善終惡，有時三個月便換一批朋友了。

巨門坐命的人非常聰明，學習能力快又好，要有興趣與吸引力，他才會學。他們也是好奇寶寶，喜歡多變化才會吸引他的。但喜多學，並不一定全精通，有時心急速度快，學一下便說會了，就轉向其他的興趣上去了。故是多學少精的人。一生會勞心勞力，想得比別人多，煩惱也比別人多。

**巨門坐命的人**，是家中有是非，或夫妻間有是非時會懷孕生出

這樣命格，但他可穿梭於『機月同梁』格的人和『殺、破、狼』格局的人之間，做一個協調者或溝通者。因為『機月同梁』格的人，多半理想高、不實際，而『殺、破、狼』格局命格的人，行動力、打拚力較充足，因此他會把理想與身體力行相結合來實現理想，但巨門坐命的人，又多半是動口不動手的人，他們會用聰明構想，再動動嘴巴叫別人來做，而做成事情，所以巨門坐命的人是最好的管理者，只管人的人。

世界上兩個人以上的事就叫『政治』，而巨門的是非就是人的是非爭端，故巨門坐命者，最善於舞弄政治，實際上，你可看見在政治舞台上，巨門坐命的人也真不少呢！

巨門坐命的人，口才好、有辯才、有說服力、善於瞎掰出道理來，最後別人實在怕了、累了，懶得跟他計較了，他就贏了。所以在口舌上，是千萬不能和巨門坐命的人相比口才的，否則你總是吃虧。

## 巨門在每個人的人生中代表陰暗面與小的絆腳石

巨門是陰精之星，是屬於陰間壞的小精靈，這種壞有時是頑皮搗蛋，稱不上壞，有時是惹出龐大災禍，就有無法收拾的禍端了。

每個人的本性中都有陽光的一面與陰暗的一面。陽光面就是快樂面，正派和運氣好、心情順暢的一面。陰暗面就是憂愁、憂傷的一面，也會是黑暗、醜陋、邪惡、嫉妒、欺騙、惡毒害人的一面。所以自古中國就有性本善與性本惡兩派的對立學說主張。事實上，善與惡是並存於人性之中的。所以在中國命理學說中，就會把所有的善、惡之星都放在同一張命盤之上，再由這善惡星曜的相互消長

來判斷人命的優劣與運氣好壞。

巨門是隔角煞，類以直角的尖銳煞氣（像桌角一樣），又像絆腳石，會在人生命運中造成磕絆受傷，便運氣滯礙停留，無法前進。巨門居旺時，這也像運氣重整，巨門居陷時，會有災禍發生，可做警惕。

## 巨門在人的命運格局中也是一種才能的展現

巨門在人的命運格局中代表口才才能的表現，也代表對事務的表達方式，同時也代表一種用曲折方式來解決事情的辦法和能力。這種能力也是一種特殊才能。例如像立法院或議會都是爭執最多，吵架、打架不曾斷過的地方，但是大家吵過、打過之後還是要協商一套辦法來解決彼此的歧見。有時候也不解決，仍拖拖拉拉的拖過去，或讓時間來解決，這種用一些智謀，利用曲折迂迴的方法來謀得利益，也是一種特殊才能。某些太耿直的人就做不到，也會被這種迂迴政策搞得快發瘋了。所以這種爭鬥技巧，也算人的特殊才能了。

## 巨門人命運歷中像平滑的繩子打了結一般

巨門在人生運氣中，命運就像一條鏈子，而巨門就是一個結。有的結好解開，有的結不好解開。所以人命運中定會遇到一些事，而造成轉折變化的波折狀況。這個巨門的繩結在人生命運的繩索中，每個人所遇到的是不一樣的繩結，有些人非要有此繩結，會造成人生的轉折，轉變，而使人生層次變高，例如在人命盤中巨門居旺的人，就容易有此好的轉折。只要你會利用，它也會是對你人生有益的轉折點。

**以前有個巨門坐命的人來算命**，他從小被父母遺棄，後來被送往慈善機構，接受外國夫婦認養，在澳洲養大，養父母對他非常好，他也受到高等教育，工作也有成就。但他仍想知道自己的親生父母是誰，想問問他們當年為何不養他？這是他心中的結，但一直找不到親生父母，很迷惘，因此來算命。

我認為這是天意！這也是他人生命運的繩結，沒有人能為他打開，也不是找到親生父母就能打開，只有他自己能為自己打開此繩結，我請他試想：一個人會在何種狀況下丟棄自己的骨肉？自然是生活不下去了，或是此嬰兒讓他無臉見人，才會去棄嬰兒。如果當年父母沒丟棄他，他依然跟著父母，必定過貧困饑餓的生活，也許長大後只是流氓混混、小偷之類的人，會過許多饑不擇食的生活，但人生有轉捩點，父母雖將他丟棄，上天有悲天憫人之意，他也命大，因此幾經轉折，雖經過人生最晦暗的時候，但最終邁向自己的康莊大道。我覺得他現在應感謝他的再生父母，努力盡孝來報答他們，不要再去找親生父母了，也許找到了，也未必是好事，徒增別人困擾。也許又要翻出當年醜事，豈不害人！他聽後也覺得有理，便放下心情，快快回澳洲去了。

當人命盤中有巨門陷落時，也表示你人生的轉折點可能是不好的，因此你要小心防範，亦可能命運中的繩結是打了死結，你要想辦法解開或化解。所以你更該搞清楚人生中的問題是那方面的問題而尋找出答案和解決方案。

## 巨門剋應事物：

**在人的方面**——代表口才好的人，有說服力的人，多是非口舌之人，喜歡瞎掰的人，口舌便佞之人。行為曖昧之人，善多疑欺騙之人。亦代表巫師、符仔仙、算命師、密醫、小人，以仙道做法之人，佛道中不守清規之人，以口生財之人，好吃之人，信口開河之人，好扯是非之人，好是非爭鬥之人，好吃零食之人，老饕、碎嘴之人，容易遇鬼之人，多嘴多舌之人，長舌之人，盜竊之人，容易遺失物品之人，有腸胃病之人，民意代表之人，記者、法官、法警、監獄典獄長、受管訓之人、好酒色財氣之人。多病痛之人。

**在事的方面**——代表口舌是非之事、爭吵之事、鬥爭之事、瞎掰、瞎鬧之事、曖昧不明之事，暗地做怪之事、欺騙人之事、非法之事、吃食之事、競爭之事、選舉之事、好吃、遺失、走失、迷

路、竊盜、監獄中之事、不行正道、不走正路之事、多嘴多舌之事、迷戀酒色之事、好吃懶做之事，以及花天酒地之事，包二奶之事。邪教。

**在物品的方面**——代表黑色的東西，或忽冷忽熱的物品，或水性的物品，或是液體流質的物品，湯液，代表流動的物品，代表貨車，戶口名簿、食品類、五穀雜糧、鬼魂、靈魂、神壇、宗教用祭祀用物品，邪教用骷髏頭。門窗、肛門。

**在地的方面**——代表陰廟、各宗教之教堂、禮拜堂、黑森林、陰處。臭水溝、陰暗之下水道、井橋、陰暗的夾道、破牆、有火車會經過之鐵橋。醫院、太平間、監獄、收容所、避難所。

**在建築的方面**——代表外表黑色之建築、代表有瑕疵或破舊之大樓建築，代表鬧鬼之大樓或房子，附近有墳墓之房子，附近有

火車道吵雜之房舍，戶內有夾道之豪宅大院，年久失修有漏水的房子，有破牆之房子。

**在疾病的方面**——代表有脾臟、胃部、胃潰瘍、胃下垂、大腸、腸癌等消化系統的毛病，以及氣喘、氣管炎、濕熱過重、濕瘡、頑癬、皮膚病，以及眼目之疾，有暗疾。或腎臟、膀胱、下體的毛病，女子有子宮的毛病，生子不易、不孕的毛病。

**巨門在命宮**，居旺時，其人會體型高大。居陷時矮小、瘦弱，性格多疑、挑剔、不耐久，做事進退反覆，易口舌便佞，愛說謊，對人不真誠，假情假義，與朋友交往是初善終惡，六親寡合，一生多招是非，或做暗事而對自己不利。其人口才好、愛說話、愛吃食、好吃，亦愛吃零食，易挑嘴。此命格的人之夫妻宮一定有太

陰星，而太陽會在其同宮或四方三合等宮位出現，這表示其人內心如月亮之圓缺，初一、十五不一樣。亦表示其人內心受月亮及潮汐影響很深容易起伏和敏感。你只要知道今天是初幾日了，便知道其人情緒好壞了。此命格的人，又因為有太陽星同宮或在四方三合宮位上，又常脾氣變好、變寬宏、嘻嘻哈哈，好像又很好相處，與先前的嚕嗦，龜毛的狀況又不一樣了，因此讓人捉摸不定。

**巨門在兄弟宮**：兄弟不合，兄弟口才好，兄弟間有相互爭吵、打架或有糾紛不講話，不來往的事。

**巨門在夫妻宮**：你是命宮中有一顆天梁星的人，你的配偶口才好、好辯，你們夫妻間是非多，好鬥嘴，配偶牙尖嘴利，讓你煩惱，夫妻間常因言語爭執而不和，未來會冷淡，或各有外遇。有此夫妻宮之人也易包二奶，有地下戀情。這也代表你本人也是內心掙

扎、是非多、好埋怨，自己口才也好，會利用是非轉折來解決事情的。

**巨門在子女宮**：代表子女先損後招，常先不易懷孕，過繼來一子，而後又生自己的子女。亦代表子女中易少一人，而後才生較多的子女。亦代表你與子女間多是非口舌、多爭執，子女易不聽話，或和你意見不一。你是命格中有一顆七殺星的人，你會一板一眼，沒子女那麼靈活，故無法追得上子女的思想。

**巨門在財帛宮**：代表用口才賺錢，錢財上是非多，錢財易進進出出，你仍為上班族、薪水族的財，財的格局不大，但無衣食生活之憂。要小心把錢財借人不還，或因理財不當而失財、耗財。

**巨門在疾厄宮**：居旺時，代表健康尚好，居陷時，健康差，多病痛，有怪病，易有消化系統，膀胱、腎、婦女病、脾胃等毛

病，胃潰瘍、胃下垂、濕熱、皮膚病、大腸癌等毛病。

**巨門在遷移宮**：代表外在環境是非多、不寧靜，爭吵多，鬥爭多，你也可能幼小遭父母遺棄，而環境不佳，或一生中生活較起伏不定，易遭人白眼、不尊重。你也會口才好、好辯，但爭執會多，仍得不償失。你一生都在競爭和是非中度過。

**巨門在僕役宮**：代表朋友和屬下多是非，相互爭吵無寧日，你常坐壁上觀，幸災樂禍，若戰火燃燒到你這邊來時，你才出面滅火。你對朋友的方式，就是讓他們吵，先看吵什麼，對自己何方有利，才決定幫誰。你對朋友的方式是有點狡詐的，你是命宮中有顆破軍星的人。

**巨門在官祿宮**：表示工作上易用口才來工作，例如做老師授課，做業務員，推銷員，保險經紀，解說員、播音員，演員等等。

工作上是非多、鬥爭多、好爭執。事業也易起伏不定，或人事變動大。工作未必能賺大錢，是薪水之資的財祿。

**巨門在田宅宮**：居旺時，表示房地產多。居陷時，房地產少。同時也表示你的家人口才好、好爭吵、是非多，要小心應付。女命要小子宮有病變，子宮外孕，或子宮有怪病。

**巨門在福德宮**：表示天生腦子裡多煩惱，有是非糾葛，愛多想，自己不讓自己享福，故對自己刑剋。你會勞心勞力，精神上不得安寧，易得憂鬱症、躁鬱症。你是命宮中有一顆太陰星的人。

**巨門在父母宮**：代表與父母緣淺，與父母是非多，有刑星多時，幼年易遭遺棄。陷落時，幼小即離家，與父母相隔兩地，此亦代表父母對你管教嚴，愛心少，你對父母有敬畏懼怕之心，因此不親近。

# 第二節　巨門的格局

## 1.『石中隱玉』格

巨門坐命在子宮或午宮者稱之。詩曰：『巨門子午二宮逢，身命逢之必貴榮，更得三方科祿拱，石中隱玉是豐隆』。

## 2.『明珠出海』格

『明珠出海』格是指空宮坐命未宮，對宮是同巨相照，又有左輔、右弼相夾丑宮或未宮的格局，而且命局中有『陽梁昌祿』格的命局，才稱為『明珠出海』格。這是古代能因考中狀元而招駙馬之命格。此命格中，其財帛宮為陽梁，官祿宮為太陰居廟，夫妻宮是天機居平，故能享皇家財富，以妻為貴。

## 3.『忌暗同居，命宮疾厄，因弱尪羸』格

若身宮、命宮、疾厄宮逢到巨門、擎羊或陀羅同宮，其人身體殘弱，也易貧困，無法生活。

## 4.『巨卯逢左右，六乙立邊庭』

巨門在卯宮，必是機巨同宮在卯宮，再有左輔或右弼（其中之一）同宮，一起坐命的話，命宮有『雙祿』格局，是天機化祿、巨門、祿存同坐卯宮的人，其財帛宮有天同和另一個右弼或左輔星同宮，但會有『太陽、太陰化忌』在夫妻宮，此人性格保守、惰惰、好享福，其人父母宮有紫相羊，是『刑印』格局，凡是命盤上有

『刑印』格局，不論在那一宮，都會是懦弱的人，而且行運走到那一宮，就會受欺負或做懦弱之事，故此句『六乙立邊庭』，是說乙年生的人，會在邊疆作戰出名為一代名將。六乙是指乙丑年、乙卯年、乙巳年、乙未年、乙酉年、乙亥年。乙年生人既是懦弱的人，當然不可能立邊庭為名將了，故紫微斗數全書中此句有問題。

## 5. 『申酉機巨為破格，男人浪蕩女人貧，二宮若然桃花見，男女逢之總不榮』

此為《紫微斗數全書》中『十二宮諸星失陷破格訣』中之一則。

此指在申宮有機陰坐命、陽巨坐命。在酉宮有機巨坐命者皆為破格。此命的男子會行為浪蕩、女人會貧困。在申宮或酉宮若還有桃花星並坐命宮，無論男女皆有桃花淫事而臉上無光、名譽不佳之不光榮之事。

## 6.『巨坐寅申位，偏喜甲庚生』

此為《紫微斗數全書》中『十二宮諸星得地富貴論』中之一則。

此指巨門坐命在寅宮或申宮時，為『太陽、巨門』同宮坐命，稱『陽巨坐命』的人，庚年生有『太陽化祿、巨門、祿存』同坐命宮是好的，有『雙祿』格局，有男人緣，事業可成。但甲年生，有『太陽化忌、巨門、祿存』同宮坐命在命宮，有雙重是非、頭腦不清，又事業不順利，是祿忌沖破，命格不佳，故此句尚待斟酌。若是『偏喜庚辛生』較適合。因辛年有太陽化權、巨門化祿、祿存，就能掌握事業，又口才好，能言善道，財祿不少了。

## 7.『酉逢機巨日無精』

此為《紫微斗數全書》中『十二宮諸星失陷破格訣』中之一則。

此指機巨在酉宮坐命的人，是每日學習不精準和不賣力的人。

## 8.『子午天機丑巨鈴，此星落陷果為真，縱然化吉更為美，任他富貴不清寧』

此為《紫微斗數全書》中『十二宮諸星失陷破格訣』中之一則。

此指在子、午宮有天機坐命，在丑宮有巨門、鈴星坐命（實際

上是天同、巨門、鈴星坐命），這些星會落陷，果然都是真的，縱然有化星趨吉是好的，例如化權、化祿、化科是好的，但仍是縱有富貴也不清靜安寧。

※天機在子、午宮為居廟，並不會落陷，但對宮有巨門相照，一生是非多，故縱有富貴，亦不安寧。即便是天機化祿或天機化權或天機化科在子、午宮坐命，也仍有是非不吉、紛擾多。命格不美，故稱落陷。

※丑宮的同巨，鈴星坐命，亦是糾紛多，無法平安過日子。

# 天空、地劫

法雲居士⊙著

『天空、地劫』在每一個人的命盤中都會出現，它們主宰著在人命中或運氣中一些『空無』的、不確定的事情。

『天空、地劫』都是由人內在思想所產生的觀念所導致人行為的偏差，而讓人失去機會和運氣。也失去錢財和富貴。

『天空、地劫』若出現於『命、財、官』之中，也會規格化與刑制人命的富貴與成就。

『天空、地劫』亦是人生中有漏洞及不踏實的所在，你也可藉此觀察自己命運不濟及力不從心之處。

這是一部套書，其餘是『羊陀火鈴』、『權祿科』、『昌曲左右』、『殺破狼』、『府相同梁』、『十干化忌』、『紫廉武』、『日月機巨』。

# 第十六章　巨門的形式

## 第一節　巨門單星的形式

巨門單星的形式，會在子宮、辰宮、巳宮、午宮、戌宮、亥宮出現。巨門在這六個宮位出現，會因旺弱陷落的旺度，以及與對宮相照星曜的影響而具有不同的意義，其特別之形式也就形成了。此種特別的形式再加上祿存、羊、陀、火、鈴、化忌、劫空，又會形成另一些帶有刑剋、是非、爭鬥的層級的形式。

# 巨門在子、午宮的形式

巨門在子、午宮同宮的形式，為居旺的形式，其對宮亦有居廟的天機。故此形式代表聰明、多變化，能利用機智或變化起伏的運氣製造是非而得到利益。也代表能利用聰明的口舌之爭來利己。但無論如何，都會與是非口舌、爭端有關。

**此形式入命宮時**，代表其人口才好、聰明，智商高，有機智、靈巧，一生中運氣起起伏伏，但都能往上翻升，像打不死的德國蟑螂一樣。實際上其財帛宮是空宮有同梁相照，而官祿宮是太陽。巨門坐命子宮的人，官祿宮的太陽是居旺的，因此有『日月居旺』的格局，太陰在夫妻宮，故有妻財，亦能事業有發展。巨門坐命午宮的人，官祿宮的太陽居陷，有『日月反背』的格局，配偶窮，故一生事業發展不大。此形式的人生於癸年有巨門化權在命宮，或辛年生，有巨門化祿在命宮，或丙年生有天機化權在遷移宮的人，都會有大好、有用的人生。

**此形式入財帛宮時**，表示你會用口才來賺錢、用錢，你會在錢財上是非多，你是易做公務員、公教人員的人，故是薪水族，要看你的環境財多、財少來定你的財富價值。巨門在子宮為財帛宮時，你的環境好、財多。在午宮時，你賺錢少，要小心錢財被騙，及耗財。

**此形式入官祿宮時**，表示工作是用口才方式來工作的，你是空宮坐命，有同梁相照的人。你天生溫和、奮發力不足，因此做教職較好，較固定，做業務及推銷工作，未必會事業好，巨門在子宮的人，能賺到錢。巨門在午宮的人，會職位不高，而做做停停，財不豐。

## 『巨門、擎羊』在子、午宮的形式

『巨門、擎羊』在子、午宮的形式，在子宮，是壬年生的人會有的形式，在午宮是丙年和戊年會有的形式。

**『巨門、擎羊』在子宮的形式**，代表暗星加刑星一起做亂，其人會言語犀利，但遇事時，會懦弱，也會欺弱怕強，尖酸刻薄，好鬥狠、陰險毒辣，喜算計人，人緣不佳，是非災禍多，和人寡合，只有父母會愛他。**此形式若在財帛宮**，錢財不利，賺錢不易，多是非爭鬥，別人不給你賺，花錢也沒節制，會亂花，有債務。**此形式若在官祿宮**，工作是競爭激烈、紛爭多的工作，利於做律師、法官、司法業，司法黃牛，但錢財不多。在工作上仍會做做停停，事業發展不大，成就不佳，不長久。

**『巨門、擎羊』在午宮時，丙年生的人**，因有天機化權在對宮

相照，其人能在環境中掌握變化，掌握運氣，能有一番成就，但仍是非多，其人天生好爭鬥，有『陽梁昌祿』格的人主貴，能有高學歷，在學術界或教職發展。亦有在政治界發展的人。戊年生的人，因對宮有天機化忌相照，一生是非多、頭腦不清，環境不佳，愈變愈古怪，其人也性格古怪、心窮，故一生易多遭災難不吉之事。

## 『巨門、祿存』在子、午宮的形式

『巨門、祿存』在子宮時，是癸年生人，形式中是『巨門化權、祿存』同宮的形式。

『巨門、祿存』在午宮時，是己年生人，形式中是『巨門、祿存』同宮的形式。

**先講『巨門、祿存』在午宮的形式**：表示是非口才的問題，都

是保守的狀況。會因口才得利的財也是保守的、小小的財。你在講話方面會保守一點，因此是非口舌也不那麼多了，但仍有。你也會賺少少的口才工作的錢財。此形式入『命、財、官』等宮，你都是如此現象。

**『巨門化權、祿存』在子宮的形式**：代表口才犀利、有說服力，能用言語控制人，使人聽你的，但你仍保守、不輕易用此能力。必要時才會罵人或說服人。你會外表強勢，和人有距離，更增加權威性。但此形式入財、官等宮，都表示能用口才說服或佔有上風，能管人，有領導力，但財的部份少，只有衣食溫飽之財。祿存實際限制了巨門化權的發展，其實也可說祿存刑剋了巨門化權。這和巨門化權單星時，不加祿存的狀況差很多。這是主貴不主富的形式。

**「巨門化忌、祿存」在午宮的形式**：代表祿存會把巨門化忌也限制縮小了。因此是非災禍也會略減，此形式入命宮時，其人會頭腦不清、內心多煩憂。此也為祿逢忌沖破，是『祿逢沖破』。故財不豐，工作能力也不行。但仍有衣食之祿，不會餓飯。入財、官二宮，皆為工作不長久，會做做停停，財只有一點點，夠衣食而已，也會窮。

## 『巨門、火星』和『巨門、鈴星』在子、午宮的形式

『巨門、火星』和『巨門、鈴星』在子宮，火、鈴居陷。在午宮火、鈴居廟，巨門在子、午皆居旺，因此火、鈴在子宮危害最深。在午宮也不吉。這代表爭鬥激烈，戰事嚴重，常有突發的、零星的戰役。入人命宮時，人會個性古怪、好爭狠爭強，脾氣壞，頻

招是非做事及情緒皆不穩定，易自殺。有擎羊在同宮與對宮的位置，或在三合宮位中都有流年、流月、流日走到，會自縊、上吊、投水而亡。此形式入財、官二宮，皆代表進財不易，工作不長久，三分鐘熱度，是非爭鬥多，不宜做正事。

## 『巨門、天空』或『巨門、地劫』在子、午宮的形式

**當『巨門、天空』在子宮或午宮時**，戌宮或辰宮會有太陰、地劫，表示當命宮為『巨門、天空』在子宮時，其夫妻宮為『太陰、地劫』，表示其人頭腦空空，是非少時，其實其人內心也沒有感情存在，其人的感情被某些事情劫走了。這表示，其人頭腦空空時，其實是沒用心想事情。**如『巨門、天空』在財帛宮**，則你的遷移宮有太陰、地劫，表示外在環境會把錢劫走，或沒工作，則你的手中財

運就是是非少或無的時候，故一定要在人多的地方，或人氣旺的地方工作，你才會有錢。如『巨門、天空』在官祿宮，則你的福德宮有『太陰、地劫』，這表示工作上少用口才、是非少，也就天生財少了。

**當『巨門、地劫』在子宮或午宮時**，戌宮或辰宮會有『太陰、天空』。故『巨門、地劫』在命宮，夫妻宮有『太陰、天空』，表示頭腦有古怪想法，易走邪路，你不會跟別人講，則內心就心窮或心空，感情空，不太用心。『巨門、地劫』在『財、官』二宮，遷、福二宮會有『太陰、天空』，錢財、工作、是非、很古怪，或是非變少時，其實你就是環境中財少或天生命格財弱的人，所以某些『是非』對你還滿重要的。

## 『巨門化祿』在子、午宮的形式

巨門化祿在子、午宮的形式是辛年生人會有的形式。因三合宮位有太陽化權，故權、祿會在『命、財、官』中相見，格局會主貴。巨門化祿是言言圓滑、討喜，會講話，會用言語諂媚人、巴結人，以口才帶財來。**入命宮時**，太陽化權會在官祿宮，故事業會有成，但也要看太陽化權是否居旺。故以在子宮為巨門化祿者為佳，一生事業順利掌權，可做老闆。**在午宮時**，是想管又不想管，仍有力不從心之感。**在財、官二宮**，用口才得力，其人命宮或財帛宮有太陽化權，仍以在子宮的巨門化祿為佳，會賺錢多，享受多，又可以偷懶、享福、享吃食之福，管理別人，叫別人做事，而自己高高在上，動口不動手，而享受成果。

# 巨門在辰、戌宮的形式

**巨門在辰、戌宮的形式**，是『紫微在卯』和『紫微在酉』兩個命盤式中會有之形式，同時也是巨門居陷的形式，因對宮有居平的天同相照，故而是有些溫和、懶惰，是不想做正事，不想努力、辛苦而用是非口舌來掩飾自己的無能的狀況。

**此形式入命宮時**，人會長相瘦小、話多，尤其廢話多，易胡說八道，好騙人，喜歡胡謅，以此為樂。其人情緒不穩定，工作能力也不強，但夫妻宮有機陰，配偶會是上班族來養他。男命也能得妻財。以坐命辰宮的人較能享受妻財或配偶之財。坐命戌宮的人，自己有父母給錢，或自己賺的錢。

**此形式入財帛宮時**，表示你是薪水族的人，賺錢少，且錢財是非多，小心欠債或窮困。

**此形式入官祿宮時**，表示工作上爭鬥多，是非嚴重，會因疏忽而有失職之事，也易遭辭退或處分罷黜。

## 『巨門、擎羊』在辰、戌宮的形式

**『巨門、擎羊』在辰、戌宮的形式**，是乙年或辛年生的人會遇到的。因巨門居陷、擎羊居廟，故實際是以擎羊為主的形式。入命宮時，其人強力好爭，會用陰險計謀來爭，亦會用黑暗的手段來鬥爭對方，因擎羊和對宮的天同也形成『福不全』，故其人易有傷災、傷殘現象、眼目不佳、或腎臟、心臟、肝病、身體健康等問題，愈是好爭之人，命愈短，其人也會心狠手辣，表面一套，暗地裡一套。乙年生的人，因夫妻宮有另一個陀羅加太陰化忌，故內心又窮又笨，工作也無著，一生財窮，不富足。**辛年生的人，會有『巨門**

化祿、擎羊』同宮，為『祿逢沖破』，也是無財或財少，其人講話也未必好聽，很勢利，想得利時才諂媚人，不想得利時，會刻薄人。此形式入財、官二宮皆不佳，無大財利，機會也不佳。是非爭鬥多。

## 『巨門、陀羅』在辰、戌宮的形式

巨門、陀羅在辰宮時，是丙年生及戊年生人會遇到的。在戌宮為壬年生的人會遇到的，這代表雙重是非、災禍，是又笨、又蠻幹、又攪和、亂搞一通，什麼事都不會做，只想胡搞、瞎搞，用是非原地打轉的方式拖別人下水，一起混亂，就沒人會說他笨了。

**在辰宮，**丙年生的人，有天同化祿在對宮，環境中自然享福帶財，還不錯，故也能生活。戊年生人，夫妻宮有天機化忌、太陰化

權，你會又笨又自做聰明，又愛管事、管錢。你的福德宮有天梁、擎羊，是『刑蔭』格局，又沒有貴人來照顧，故你一生財不豐、易窮，生活不好過。

**在戌宮**，壬年生的人，因你的福德宮有天梁化祿、擎羊，故你會又笨，又天生受內心包袱的壓迫，一生負累很重，沒法心情開朗，也會財不豐，生活辛苦。

## 『巨門、火星』或『巨門、鈴星』在辰、戌宮的形式

『巨門、火星』或『巨門、鈴星』在辰、戌宮的形式，巨門居陷，火、鈴在辰宮居陷，在戌宮居廟，故同樣是非爭鬥多，有古怪的思想，或挑釁是非爭鬥，問題也是突發性的，但在辰宮較嚴重。在戌宮，火、鈴可受到控制。也以在戌宮的火、鈴較聰明。入命

宮，性格衝動、邪惡、是非多、好鬥爭、愛時髦、流行、不耐久，也易向邪惡面發展。口舌是非銳利皆非常人所能及。

**入財、官時**，財運和工作只偶而有一點點，常多是非爭鬥而不進財，或工作丟了，可能最後仍常無工作，或是做爭鬥不能終止的工作。

## 『巨門、天空』、『巨門、地劫』在辰、戌宮的形式

當『巨門、天空』在『命、財、官』等宮時，則『夫、遷、福』等宮有『天梁、地劫』。

當『巨門、地劫』在『命、財、官』等宮時，則『夫、遷、福』等宮有『天梁、天空』。

這表示當本命結構中，口才和是非成空時，則其人的環境中，

以及其人內心想的，包括其人天生能享受到的福運中，都是缺少或失去貴人的狀況。所以嘴巴要會講，要人多口雜才有貴人來幫忙，腦袋空空，也會沒有貴人。

## 『巨門化權』在辰、戌宮的形式

『巨門化權』在辰、戌宮的形式是巨門陷落帶化權的形式，也表示會用嘴巴口才來管人，但並不一定有效，也不見得管得住人，別人並不一定會聽。亦表示想用口才來說服人，但也不一定能說服得了人。雖有化權而無用，只會令人討厭、碎嘴、碎碎唸而已。此形式在財、官二宮皆錢財不多，成就不高，是非增多。

## 『巨門化忌』在辰、戌宮的形式

巨門化忌在辰、戌宮的形式是丁年生的人會遇到的形式。因對宮有天同化權相照，故環境中有強力要享福的環境，所以自己頭腦不清、是非糾纏多，但環境中有人會幫忙擺平。其人為無用之人。此形式在財、官二宮，亦靠人生活，財富及事業皆不強。

## 巨門在巳、亥宮的形式

巨門在巳、亥宮的形式，是『紫微在寅』在『紫微在申』兩個命盤格式中的形式。巨門居旺，因對宮有太陽相照，會因太陽的旺弱而形成有不同高低好壞。如巨門在巳宮，對宮相照的太陽居陷，故此巨門環境晦暗命運較不佳。在亥宮的巨門，對宮相照的太陽居

旺，故環境前程大好，命運較美麗富足。此形式入命、財、官、遷等宮時，最好有『陽梁昌祿』格，一生主貴，能有高學歷，及做公務員或在醫界服務的人生，財運會較平順。因此形式的三合宮為天機陷落和天同居平，因此基本上就是聰明度少，又較懶惰的格局，故事業也會發展不大，做公務員、薪水族最適合。

## 『巨門、陀羅』在巳、亥宮的形式

巨門、陀羅在巳、亥宮的形式，在巳宮為丁年生和己年生的命格。在亥宮，為癸年生人會遇到的。

**在巳宮，丁年生人，有『巨門化忌、陀羅』在巳宮**，這表示又笨、頭腦不清、是非又多，胡攪蠻纏，本身沒能力，還要怨別人能力不佳，不幫忙。因三方是天機化科居陷，天同化權居平，對宮又

是太陽陷落相照，故命、財、官、遷，都很弱，又有擎羊和天梁在福德宮，是『刑蔭』格局，天生沒貴人相助，一生能享受的財也很少，會生活辛苦，內心苦悶，易有精神疾病。

**己年生人，是『巨門、陀羅』的形式**，本人笨、又多煩惱，環境也不好（是太陽陷），財帛宮是天機陷落，官祿宮是天同居平，可見能力也不佳。會笨又易捲入是非紛爭，使自己不利而損失了。

**在亥宮，癸年生人，有『巨門化權、陀羅』在亥宮同宮**，代表雖笨、雖做事拖拖拉拉，但有說服力，或是能有能力處理一些笨拙、麻煩多的事。你也會用一種較笨的，但能控制或主導是非糾紛的方式來處理事情。此形式在財、官二宮出現時，表示用口才和說服力去講，去要錢，或做口才的工作，會賺到一些，但易拖拖拉拉不進財，以及工作半途而廢做不長。

## 『巨門、祿存』在巳、亥宮的形式

『巨門、祿存』在巳、亥宮的形式，是丙年、戊年、壬年會遇到的。但此形式中都會使口才和口舌是非變保守，並且可得口才方面保守的錢財。**入命宮時**，其人較保守，話不那麼多了，又因為羊陀所夾，會有懦弱的父母與愚笨的兄弟，皆不和。未來自己結婚後較會和配偶子女感情好。

**此形式入財帛宮時**，賺口才之財，是一丁點之財祿，不多，夠衣食溫飽。

**此形式入官祿宮時**，會做財不多，也不太麻煩之事，夠衣食、糊口就好了。

## 『巨門、火星』或『巨門、鈴星』在巳、亥宮的形式

**『巨門、火星』或『巨門、鈴星』在巳、亥宮的形式**，巨門居旺，火、鈴在巳宮居得地之旺位，在亥宮居陷。故此形式在巳宮較急迫，在亥宮較凶、有災。此形式三合宮位有擎羊時，亦會形成『巨火羊』或『巨鈴羊』之格式，有自殺之狀況。此形式入命、財、官皆不吉，好是非爭鬥，不走正道，易與黑道有關，也易財不豐，能力不好。

## 『巨門、天空』、地劫』三星同宮在巳、亥宮的形式

『巨門、天空、地劫』在巳、亥宮同宮時，是午時生的人會遇到的，在亥宮同宮時，是子時生人會遇到的。此形式表示是非口舌皆被劫空的空空如野了，完全皆沒有了。

**此形式入命宮時**，表示頭腦空空，沒有中心思想，也會好高騖遠、異想天開、易受騙，易入宗教棲身。

**此形式入財帛宮時**，表示不會理財，也不會賺錢，手中常兩手空空，無財，易靠人生活。

**此形式入官祿宮時**，易不工作、靠人吃飯，或工作不長久，思想高超，與人不和而賦閒在家。

## 巨門化權在巳宮的形式

巨門化權在巳宮的形式，其對宮是太陽陷落、陀羅，其人口才好，但笨，環境不佳，會一生工作、事業無成就，其人光說不練，好管人，但自己能力不佳。入財、官二宮，都會因為天生笨或內心笨，以及太陽陷落的關係，工作能力不佳而財少。

## 巨門化祿在巳、亥宮的形式

巨門化祿在巳、亥宮的形式是辛年生的人會遇到的。在巳宮，對宮有陷落的太陽化權相照，在亥宮，對宮有居旺的太陽化權相照，這都是『權祿』相逢，以在亥宮為佳，有『日月皆旺』的格局，權和利皆有力，而會靠口才而有成就。在巳宮，成就會較差。

## 第二節　巨門雙星的形式

巨門雙星的形式，包括陽巨、機巨和同巨的形式。這些形式的對宮都是空宮，這表示：巨門的主體內容已在變化，已加入另一顆星，形成另一種獨特的新形式，但其周圍環境中仍模糊、不穩定，如果有羊陀、火、鈴、劫空在對宮的空宮中出現，此雙星形式受到刑剋的狀況，仍是會十分嚴重的。

※因『陽巨的形式』在本書《對你有影響的『日月機巨』》上冊中第250頁已經講過，請讀者參考之，不再贅述。

※因『機巨的形式』在本書下冊前面天機的部份已經講過，請讀者參考之，不再贅述。

## 同巨雙星同宮的形式

同巨雙星同宮的形式，是『紫微在子』及『紫微在午』兩個命盤格式中會出現的形式。天同和巨門俱陷落，代表天同福星無福，又有暗星巨門多是非相擾，因此一生不清爽。此形式入命宮時，其

人個子不大、嬌小，女性為豐滿體型、情慾重、好享福，容易犯小人，本身自己就是小人，易惹是非或自己說是非，與家人、朋友皆有代溝，不合現象。因遷移宮為空宮，腦子常空茫，沒主見。其財帛宮亦為空宮，官祿宮為天機居平，一定要有『陽梁昌祿』格的人能主貴。會學歷高，而做學術或教書或固定上班的工作。否則易為無用之人，不工作，靠配偶或家人生活。

## 同巨同宮剋應事物：

**在人的方面**——代表幼教老師、小學老師、年輕不懂事之人、懶洋洋做事的人、偏房、妾室、好吃懶做的人、口舌便佞的人，表面好心但扯是非之人，愛享福好吃零食之人、常犯小人之人，常說廢話之人。

**在事的方面**——玩耍之事，吃食享福之事，做零食的工作，教導幼兒及兒童之事，稍為麻煩的衣食住行之事，爭執不大的是非之事，嚕嗦之事，無用之事，偶而騷擾、不成大害之事，挑剔但不為人接受之事。

**在物的方面**——小吃類的東西，小孩玩具，有毛病的水龍頭，有問題的小水溝，沒用的裝飾品，無用的服飾，零食，遊樂園，算命、拜神之桌案。

**在地的方面**——有麻煩糾葛，不能整理之地，畸零地，有水窪、水溝暗藏危險之地，有公墓不美麗之場所，有鬼的陰宅，有小樹林或廢棄花園之地，娛樂場所是非之地，幼稚園，學校預建地。

**在建築的方面**——表示為黑色或水色、藍黑色，有波浪型外觀，不高的建築，蓋了一半有問題的建築，有娛樂場所在內的大

樓，陰廟、陰宅附近之大樓，外觀不整齊、不高、不美、懶得整理之建築。

**在疾病的方面**——膀胱系統的毛病，有疝氣、墜腸、腎、膀胱、尿道、陰道、腸疾、耳疾、腸胃毛病、好吃的毛病、心臟不佳，氣喘、暗病、濕瘡、頑癬。

**同巨在命宮**，人會較懶惰，表面溫和，背後是非多，因財官皆不好，為無用之人，但會用小聰明，要故意表現自己有用，但總是正事不做，瞎忙一堆，最後為人發現又來解釋。此命格的人宜早日結婚，由配偶來管他們，教他們，會較好。

**同巨在兄弟宮**：有同父異母的兄弟，或懶惰無用之兄弟，或無兄弟。兄弟間多口舌是非，或兄弟不來往，感情冷淡。

**同巨在夫妻宮**：配偶是無用又愛嚕嗦的人。同時也表示你在內心中也愛唸唸叨叨、內心不平靜，未來工作也無著。

**同巨在子女宮**：子女為聰明不高，腦袋不好，但還算溫和和懦弱的人，但子女間是非多，子女也成就不佳。

**同巨在財帛宮**：手中錢財常有小麻煩，故財運不佳，存不住錢，易花小錢，工作能力也不高，故錢財少，做薪水族能糊口。

**同巨在疾厄宮**：要小心腎臟、膀胱之疾，與排泄系統、水道系統、耳疾等病症。

**同巨在遷移宮**：代表環境是懶洋洋、又嚕嗦、挑剔、提不起勁來的環境，也會是好吃懶做，不想太費力做事的環境。

**同巨在僕役宮**：代表朋友和部屬都是溫和、無用而口舌是非多的人。朋友也會懦弱怕事又愛傳八卦。

**同巨在官祿宮**：代表在工作上沒能力，會懦弱無用，又會用口舌是非來圖利自己，會佔點小便宜，但未來會待在家中不工作。

**同巨在田宅宮**：代表房地產會自己名下不多，而寄在別人名下。亦代表你家中的人，是溫和又是非多、懦弱之人，常會受欺負，亦代表在帳面上你的財庫很小，財不多。

**同巨在福德宮**：代表天生腦子裡想得多，內心嚕嗦，易招是非，但有時又懦弱，故情緒易反覆無常，煩惱多時，享不到福。

**同巨在父母宮**：表示父母溫和，愛嚕嗦，又想要求你，但又怕你不高興，會想說又不敢說，亦會小聲唸你，讓你不舒服，你會躲得很遠。

## 同巨同宮之形式

同巨同宮的形式會在丑宮或未宮出現，在丑宮較好，因丑宮是帶水的土宮，對五行屬水的天同、巨門有相生之意。未宮是火土宮，對同巨不利。而且在丑宮的同巨在命格中有『日月皆旺』的格局較佳。在未宮的同巨則是有『日月反背』之格局，命運較差。

**此形式入命宮時**，其人表面溫和、沒衝力，得過且過，但喜歡傳是非、八卦，因命中財少，能力不足，會靠人吃飯，女子做偏房，或靠配偶生活，男命也能找到配偶依靠過日子。此人財、官二宮皆不佳，故隨遇而安就不錯了。

**此形式入財帛宮時**，錢財少，自己賺得少，較懶惰不想賺，又理財能力也不佳，有配偶會給錢花。故而對金錢沒概念。

**此形式入官祿宮時**，天生較笨，環境不錯，環境中多貴人提

攜，故隨便做一下便能享受財富或家族成就了。

## 『同巨、擎羊』同宮的形式

『同巨、擎羊』同宮的形式在丑宮，是癸年生的人會遇到的，形式為『天同、巨門化權、擎羊』的形式。在未宮，有兩種，一種是乙年生人的『同巨、擎羊』的形式。一種是『天同化權、巨門化忌、擎羊』的形式。

## 『同巨、擎羊』在未宮的形式

『同巨、擎羊』在未宮的形式：代表又凶、又霸道、自私小氣，還夾雜著嚕嗦和碎碎唸。入命宮時，其人有傷災，身體易傷殘，多血光。其人更為無用，但家中有父母或長輩照顧，仍衣食無

缺。入財、官二宮皆為無能之輩，財少、不工作，靠人生活。

## 『天同、巨門化權、擎羊』在丑宮的形式

『天同、巨門化權、擎羊』在丑宮的形式是代表又凶、又霸道、愛管人，嘴巴不饒人、刻薄，與人有衝突、人緣不好，但未必管得到別人。入命宮，有傷災、傷殘現象，喜說服人，但自私小氣，會受人反制。此形式在財、官二宮皆不吉，仍無理財能力和賺錢能力，有『陽梁昌祿』格的人才會有用，會讀書，能做一點事。

## 『天同化權、巨門化忌、擎羊』在未宮的形式

『天同化權、巨門化忌、擎羊』在未宮的形式，仍是『刑福』、『福不全』之形式，故其人會身體傷殘，有駝背羅鍋、脊椎骨的毛

病，一生要開多次刀，也易不長命。此形式無論入『命、財、官』皆為傷殘、殘障格式，靠人吃飯生活。

## 『同巨、陀羅』的形式

『同巨、陀羅』的形式，表示表面溫和，但懦弱又笨，雙重口舌是非糾纏，易沾陰見鬼，不吉。此形式入命、財、官，皆為命中財少，易有傷災、不吉。其福德宮有『陽梁、擎羊』，是『刑蔭』格局，故命中少長輩或貴人幫忙，十分辛苦。

## 『同巨、火星』和『同巨、鈴星』同宮的形式

『同巨、火星』和『同巨、鈴星』同宮的形式中，火、鈴在丑宮居得地之位，在未宮居平，但都要小心有擎羊同宮或在對宮，或

在三合宮位中來相照，以防自殺的問題。入命、財、官等宮時，脾氣不好，性急衝動，也會有意外之災而受難。一生也難得成就。

## 『同巨、天空』或『同巨、地劫』同宮的形式

**當『同巨、天空』在丑、未宮出現時**，酉宮、卯宮會有地劫獨坐。故『同巨、天空』在命宮，財帛宮就是地劫，表示頭腦空空，不實際，而且理財能力也不佳，錢財易被劫走。因此會較窮，人生也空洞的厲害。

**當『同巨、地劫』在丑、未宮出現時**，卯宮會有天空獨坐。故『同巨、地劫』為『命、財、官』時，在財、官、命，就會有另一個天空星，表示在本命會想歪點子、道聽塗說，或劫入壞想法，則手上錢財就會空空。其人人生會窮，也會空洞得厲害。

## 『天同、巨門化祿』的形式

『天同、巨門化祿』的形式，是辛年生人會遇到的，表示溫和懦弱，但口才甜如蜜，因此能常佔小便宜，不會吃虧。入命、財、官等宮，財都不多，工作也成就不高。

## 對你有影響的

# 紫 廉 武

法雲居士⊙著

在每個人的命盤中都有紫微、廉貞、武曲三顆星，同時這三顆星也具有堅強的鐵三角關係，會在三合宮位中三合鼎立著，相互拉扯，關係緊密、共同組織、架構了你的命運。這也同時，紫微、廉貞兩顆官星和武曲一顆財星，也共同主宰了你的命運！當命盤中的紫、廉、武有兩顆以上居旺時，你的人生就會富足的多，也事業順利、有成就。如果有兩顆以上都居平、陷之位時，則你人生中的過程多艱辛、窮困、不太富裕。要看命好不好？就先從你命盤中的這三顆星來分析吧！

# 第十七章　巨門在『命、財、官』、『夫、遷、福』對人之影響

## 第一節　巨門在『命、財、官』對人之影響

巨門在『命、財、官』對人之影響很巨大。其影響有：

1. 『命、財、官』是人生的架構和命運的架構，有巨門在此三合宮位之中一宮時，即表示人生架構和命運架構中有是非或起伏的轉變。

前面說過，巨門是人生的轉折和人生命運的繩結，當這個轉折和繩結出現在『命、財、官』之中時，總為不美，會多煩惱，人生不算順暢。

但人生中有轉折和有繩結，並不代表一定不吉，也不代表不能主富貴，有些人要經過千辛萬苦而能有富貴，有些人要經過大難不死而能享受後來的富貴享福。因此轉折和繩結有時也成為人努力奮發的原動力了。

## 2.

在『命、財、官』中有巨門，表示你有口才上的特異功能。你的口才好，在表達能力上會佔很多便宜。你更能靠此天生的本領來賺錢吃飯，即使巨門居陷，也有瞎掰的能力，教書、推銷商品，做保險或傳銷，這輩子你都能立即有工作上手，不怕找不到工作。因為你的工作就是和人有關係的工作。

3. 在『命、財、官』中有巨門時，表示你本命的財不多，是薪水之財，和可過日子糊口之財，要小心錢財，勿亂做投資，要小心在你的人生中必有金錢是非發生。人生會起落分明，也許也會欠債，故要小心。

4. 當巨門在『命、財、官』時，表示在你的人生中常須說謊，或須要稍為騙一下，才有好處或做事成功。你也會對工作、事業，賺錢方面常須瞞騙一下，或做些手腳才行。

5. 當巨門在『命、財、官』時，你的人生格局不大，你必須要把握住現實人生中所有的吃喝玩樂的事情、享受的事情，你才覺得不枉此生來人世間走一遭。

日月機巨
《下冊》

## 第二節　巨門在『夫、遷、福』對人之影響

### 巨門在『夫、遷、福』對人之影響

巨門在『夫、遷、福』對人之影響，主要在於巨門在人之內心感情世界、在人外在環境中、在人天生可享受的福份之中，到底佔有什麼份量？這一部份主要是研究巨門在人內心靈魂，或意識形態上，以及在外觀環境上是否有衝突。

**巨門在夫妻宮出現時**，夫妻間常鬥嘴、有爭執，而且結婚不易，婚前婚後都有是非，婚後爭吵久了，而且會感情冷淡，也可能會離婚。夫妻宮代表人內心的感情模式，亦代表自己內心的想法，因此有巨門在此宮內，就表示本人內心就天天嘀嘀咕咕，自己內心多是非、多計謀、多挑剔、多想、多操煩，自然心中不愉快，一定

會說出來。配偶被你天天唸，也會生氣回嘴了。這些問題應該大多是源自於你自己的想法和處世方式而形成的。

**巨門在遷移宮出現時**，是環境中多是非、災禍，或古怪變化。每個人的環境都會有變化，但巨門在遷移宮的尤其自己會鼓動環境中的變化，自己用自己的聰明來製造是非，有時會有利自己，有時是反害自己，得不償失的。

巨門在遷移宮時，表示環境中有一個繩結，因此外在環境中多石塊，容易絆磕到，而使自己受傷或運不好。糾紛、麻煩也會是人生中許多小小的刑剋你運氣之事，要小心化解才行。

**巨門在人之福德宮出現時**，表示天生福氣、該享到的福氣中有繩結、不順利。因此你會享福少，較辛苦。另外也表示你愛煩憂，或愛操勞、又愛玩，故易錢財不順。不過你會買房地產保值，故沒多大關係。只是巨門的旺陷，代表絆礙你的運氣的『結』有多大了。

有巨門在『夫、遷、福』中，你也很會講話，口才好，但是非紛擾多，總有力不從心之事。

# 第十八章 巨門在『父、子、僕』、『兄、疾、田』對人之影響

巨門在『父、子、僕』和『兄、疾、田』等三合宮位時，表示這是巨門對人之父子相承、傳承之影響上打了繩結，必須要打開繩結，才會變好。

**例如巨門在父母宮時**，表面上說是父母管子女很嚴而有爭執不和，但父母和子女間的關係確實存在了問題和關鍵，因此能打開繩結，父母和你之間的關係就能改善、改好，所以有此父母宮的人要努力。

**又例如巨門在子女宮時**，這是你和子女之間的關係有了繩結、不順暢，易流產，不易生育，頭子難，第二胎較易。因此你要先檢查孕育子女的子宮，和自己的生育能力是否有問題，以及檢查和子女的溝通問題是否順暢，是否太壓制小孩了，自然會得到改善，而能變好。

**巨門在兄弟宮時**，會和兄弟不和，骨肉參商。兄弟相互之間衝突多有爭執，嚴重時會互殺，平常也易不來往。這樣你的人生助力就會減少。同時你也是覺得朋友也不聰明、也沒用，你的人生會孤寂。你生命的財也會減少。

**巨門在疾厄宮時**，是你『生命的財』不豐富，因此你的健康要小心，以防短壽，或有病痛纏身，帶病延年，這是『生命之財』打了結了。要解開才會變好。

**巨門在田宅宮時**，田宅宮是每個人的財庫，巨門居旺在田宅宮是好的，可多買房地產。但管理房地產，也會多招是非口舌，要小心！並要防範家人多是非，會因房地產多而是非多，這些人想分家產。女子的田宅宮有巨門時，要小心其人子宮有問題，有子宮靡爛的狀況。

# 第十九章　日月機巨在大運、流年、流月對人之影響

『日月機巨』是一個格局。當你行運至此格局上之星曜運氣時，就表示此運中你要做薪水族來賺錢了，不能亂投資，也最好勿做生意，乖乖上班，財運會進來，雖薪水不多，但能規矩過日子。

**當你的大運、流年、流月走到太陽運時，太陽居旺**，表示在流運中運氣好，如日中天，會有快樂的心情和事業有進展。有『陽梁昌祿』格的人，要好好把握，參加考試，能上榜。太陽居陷時，表示此運會悶悶的，會躲在人背後，太內向，事業也未必佳，但有

『陽梁昌祿』格的人仍會考上，較辛苦而已。你常做事易半途而廢，或放棄。

**當大運、流年、流月走到天機運時，居旺時**，你人生中會有變化，會愈變愈好，居平、居陷時，會變不好。此運不主財，即使天機化祿，亦是財少。只能賺薪水財，是為人服務之財。

**當你的大運、流年、流月走到太陰運時，居旺時**，表示錢財富裕，適合做公務員、薪水族收房租及談戀愛，你會感情豐富，對人體貼，有情義。也會內心精神靈魂得到舒暢。居陷時，表示你會窮，也會心窮，內心不舒暢，對人也會懶洋洋。

**當你的大運、流年、流月走到巨門運時，居旺時**，表示你會口才好、是非多，此運愛好美食、好吃零食，也愛講八卦，要小心惹禍上身。居陷時，必有禍端爭執，有災禍發生。

# 用你的運氣來減肥瘦身

法雲居士⊙著

人身邊的運氣有很多種，有好運，也有衰運、壞運。通常大家只喜歡好運，用好運來得到財富和名利。

但通常大家也不知道，所有的運氣都是可用之材。衰運、壞運只是無法得財、得利，有禍端而已，也是有用處的。只要運用得當，即能化險為夷，反敗為勝。並且運用得法，還能減肥、瘦身、養生。

這是一種不必痛，不必麻煩，會自然而然瘦下來的減肥瘦身術，以前減肥失敗的人，應該來試試看！

學會這套方法之後，會讓你的人生全部充滿好運跟希望，所有的衰運也都變成有用的好運了！

法雲居士⊙著

偏財運的暴發能量＝人的質量×時間$^2$

（本命帶財）

本書是討論會中樂透彩的人必有其特質，其中包括了『生命財數』與『生命數字』。

能中樂透彩的人必有暴發運，

世界上有三分之一的人有暴發運。

因此能中樂透彩之人必有其數字金鑰和生命密碼。

如何運用這個密碼和金鑰匙打開生命中的最高旺運機會，又將在何時能掌握到這個生命的最高峰，這本『樂透密碼』將會為您解開通往幸運之門的答案！

# 對你有影響的

在每一個人的命盤中都會有羊、陀、火、鈴出現，這些星曜其實會根據其本身特質來幫助或影響命格，有加分、減分的作用。羊、陀並不全都不好。

火鈴也有好有壞，端看我們怎麼運用它們的長處，和如何抵制它們的短處，就能平撫羊、陀、火、鈴的刑剋不吉。以及利用它們創造更高層次的人生。

這是一套六本書的套書，其餘是『權科祿』、『化忌、劫空』、『昌曲左右』、『殺破狼』、『府相同梁』。

這套書是法雲居士對學習紫微斗數者常忽略或弄不清星曜特質，常對自己的命格有過高的期望或過於看輕的解釋，這兩種現象都是不好的算命方式。因此，以這套書來提供大家參考與印證。

熱賣中

紫微推銷術

紫微推銷術
法雲居士◎著
金星出版

# 如何算出你的偏財運

這是一本讓你清楚掌握人生運程高潮的書，
讓你輕而易舉的獲得令人欽羨的事業和財富。
你有沒有偏財運？偏財運會改變你的一生！
你在何時會有偏財運？如何幫助引爆偏財運？
偏財運的禁忌？等等種種問題，
在此書中會清楚的找到解答。
法雲居士集二十年之研究經驗，利用科學命理的方法
教你準確的算出自己偏財運的爆發時、日。
若是你曾經爆發過好運，或是一直都沒有好運的人
要贏！要成功！一定要看這本書！
為自己再創一個奇蹟！

命理生活新智慧・叢書

熱賣中

『男怕入錯行，女怕嫁錯郎』。
現在的人都怕入錯行。
你目前的職業是否真是適合你的行業？
入了這一行，為何不賺錢？
你要到何時才會有自己滿意的收入？

法雲居士用紫微命理幫你找出發財、升官之路，並且告訴你何時是你事業上的高峰期，要怎麼做才會找到自己有興趣的工作？
要怎樣做才能讓工作一帆風順、青雲直上，沒有波折？
『紫微幫你找工作』就是這麼一本處處為你著想，為你打算、幫助你思考的一本書。

對你有影響的

# 殺・破・狼

## 《上、下冊》

每一個人的命盤中都有七殺、破軍、貪狼三顆星，
在每一個人的命盤格中也都有『殺、破、狼』格局，
『殺、破、狼』是人生打拚奮鬥的力量，
同時也是人生運氣循環起伏的一種規律性的波動。
在你命格中『殺、破、狼』格局的好壞，
會決定你人生的成就，
也會決定你人生的順利度。

『殺、破、狼』格局既是人生活動的軌跡，
也是命運上下起伏的規律性波動。
但在人生的感情世界中更是一種親疏憂喜的現象。
它的變化是既能創造屬於你的新世界，
也能毀滅屬於你的美好世界，對人影響至深至遠。
因此在人生中要如何把握『殺、破、狼』的特性，
就是我們這一生最重要的功課了。

這是一套十本書的套書，其餘是『殺破狼』上冊、
『權祿科』、『十干化忌』、『羊陀火鈴』、『天空、地劫』、
『昌曲左右』、『府相同梁』、『紫廉武』、『日月機巨』等書。

命理生活新智慧・叢書 49

# 紫微命格論健康

## （上、下二冊）

『紫微命格論健康』下冊是詳述命理和人身體上病理之間相互關係的一本書。
上冊談的是每個命格在健康上所展現的現象。
下冊談的是疾病因命格不同所產生的理論問題。
也會教你利用流年、流月、流日來看生理狀況和生病日。
以及如何挑選看病、開刀，做重大治療的好時間與好方位。還會談及保養和預防的要訣。

紫微斗數是最能掌握時間要素的命理學。
生命和時間有關，
能把握時間效應，就能長壽。
故這本書也是教你如何保護生命資源
達到長壽目的的一本書。

法雲居士⊙著

金星出版

命理生活新智慧・叢書04

# 你一輩子有多少財

教你預估命中財富的方法

法雲居士◉著

已出版 熱賣中

◉有人含金鑰匙出生，
有人終身平淡無奇，
老天爺眞的是那麼不公平嗎？
你的命裡到底有多少財？
讓這本書告訴你！

命理生活新智慧・叢書

# 看人過招300回

- 如何與聰明、幹練的人過招
- 如何與陰險、狡詐的人過招
- 如何與愛錢的人過招
- 如何與勤快、愛嘮叨的人過招
- 如何與懶惰、好吃、好色的人過招
- 如何與愛權的人過招

## 對你有影響的

在每個人的命格之中，文昌、文曲、左輔、右弼
都佔有重要的位置。
昌曲二星不但是主貴之星，也直接影響人的相貌、
氣質和聰明度，更會為你的人生帶來不同的變化和
創造不同的人生。
左輔、右弼是兩顆輔星，助善也助惡，
在你的命格中，到底左輔、右弼兩顆星是和吉星同宮
還是和凶星同宮呢？
到底左右二星有沒有真的幫忙到你的人生呢？

這是一套十本書的套書，其餘是『權祿科』、『羊陀火鈴』、
『十干化忌』、『天空、地劫』、『殺破狼』上下冊、
『府相同梁』、『紫廉武』、『日月機巨』等書。

這套書是法雲居士對於學習紫微斗數者常忽略或弄不清
星曜特質，常對自己的命格不是有過高的期望，就是有
過於看低自己命格的解釋，這兩種現象都是不好的算命
方式。因此，以這套書來提供大家參考與印證。

# 如何用偏財運來理財致富

法雲居士⊙著

偏財運會創造人生的奇蹟，
偏財運也會為人生帶來財富，
但『暴起暴落』始終是人生中的夢魘。

如何讓暴發的財富永遠留在你的身邊，如何用一次接一次的偏財運增高你的人生格局。

這本『如何用偏財運來理財致富』就明確的提供了發財的方法和用偏財運來理財致富的訣竅，讓你永不後悔，痛快的過你的人生！

法雲居士⊙著

人有面相，房屋就有『屋相』。
人有命運，房屋也有命運。
具有好命運的房子，也必然具有好風水與好『屋相』。

房子、住屋是人外在環境的一部份，人必須先要住得好、住得舒適，為自己建造好的磁場環境，才會為你帶來好運和財運。
因此你住了什麼樣的房子，和為自己塑造了什麼樣的環境，很重要！

這本『紫微屋相學』不但告訴你如何選擇吉屋風水的事，
更告訴你如何運用屋相的運氣來為自己增運、補運！

# 如何觀命・解命

**法雲居士⊙著**

古時候的人用『批命』
是決斷、批判一個人一生的成就、功過和悔吝。
現代人用『觀命』、『解命』
是要從一個人的命理格局中找出可發揮的潛能，
來幫助他走更長遠的路及更順利的路。
從觀命到解命的過程中需要運用很多的人生智慧，但是我們可以用不斷的學習
就能豁然開朗的瞭解命運。

法雲居士從紫微命理的觀點來幫助你找出命中的財和運，
也幫你找出人生的癥結所在。
這本『如何觀命・解命』也徹底讓你弄清楚算命的正確方向。

法雲居士⊙著

『權祿科忌』是一種對人生的規格與約制，十種年干形成十種不同的、對人命的規格化，以出生年份所形成的四化，其實就已規格化了人生富貴與成就高低的格局。
『權祿科』是決定人生加分的重要關鍵，
『化忌』是決定人生減分的重要關鍵，
加分與減分相互消長，形成了人世間各個不同的人生格局。『化忌』也會是你人生命運的痛腳及力猶未逮之處。

這是一部套書，其餘是『羊陀火鈴』、『權祿科』、『天空、地劫』、『昌曲左右』、『殺破狼』、『府相同梁』。

這套書是法雲居士對學習紫微斗數者常忽略或弄不清星曜特質，常對自己的命格有過高的期望或過於看輕的解釋，這兩種現象都是不好的算命方式。因此，以這套書來提供大家參考與印證。

熱賣中

# 實用紫微斗數精華篇

學了紫微斗數卻依然看不懂格局，
不瞭解星曜代表的意義，
不知道命程形局的走向，
人生的高峰時期在何時？
何時是發財增旺運的好時機？
考試、升職的機運在何時？
何時才會交到知心的好朋友？
姻緣在何時？未來的配偶是一個什麼樣的人？
一生到底能享多少福？成就有多高？
不管問題是你自己的，還是朋友的，
你都在這本書中找得到答案！
法雲居士將紫微斗數的精華從實用的角度
來解答你的迷惑，及解釋專有名詞，
讓你紫微斗數的功力大增，
並對每個命局瞭若指掌，如數家珍！

命理生活新智慧・叢書05

# 算出紫微斗數

簡易排法及解說

你很想學紫微斗數，
但又怕看厚厚的書，
與艱深難懂的句子嗎？
你很想學紫微斗數，
但又怕繁複的排列程序嗎？
法雲居士將精心研究二十年
的紫微斗數，寫成這本書。
教你用最簡單的方法，
在三分鐘之內排出命盤，
並可立即觀看解說，
讓你在數分鐘之內，
就可明瞭自己一生的變化，
繼而進入紫微的世界裡，
從此紫微的書你都看得懂了
簡簡單單學紫微！

金星出版
命理生活新智慧・叢書
VENUS PUBLISHING CO.